MINHA IRMÃ E EU

ANIELLE FRANCO

MINHA IRMÃ E EU

Diário, memórias e conversas sobre Marielle

🌐 Planeta

Copyright © Anielle Franco, 2022
Copyright © Editora Planeta do Brasil, 2022
Todos os direitos reservados.

Preparação: Alanne Maria
Revisão: Elisa Martins e Caroline Silva
Projeto gráfico e diagramação: Negrito Produção Editorial
Ilustrações de miolo: Fabio Oliveira
Fotografias de miolo: Arquivo pessoal
Capa e ilustração de capa: Filipa Damião Pinto | Foresti Design

Dados Internacionais de Catalogação na Publicação (CIP)
Angélica Ilacqua CRB-8/7057

Franco, Anielle
   Minha irmã e eu: diário, memórias e conversas sobre Marielle / Anielle Franco. – São Paulo: Planeta do Brasil, 2022.
   160 p.; il.

   ISBN 978-85-422-1956-2

   1. Franco, Anielle – Memória autobiográfica 2. Franco, Marielle – 1979-2018 I. Título

22-5564   CDD 929

Índice para catálogo sistemático:
1. Franco, Anielle – Memória autobiográfica

MISTO
Papel produzido a partir de fontes responsáveis
FSC® C011188

Ao escolher este livro, você está apoiando o manejo responsável das florestas do mundo

2022
Todos os direitos desta edição reservados à
Editora Planeta do Brasil Ltda.
Rua Bela Cintra, 986, 4º andar – Consolação
São Paulo – SP – 01415-002
www.planetadelivros.com.br
faleconosco@editoraplaneta.com.br

"Quando conhecemos o amor, quando amamos,
é possível enxergar o passado com outros olhos;
é possível transformar o presente e sonhar o futuro.
Esse é o poder do amor. O amor cura."[1]

bell hooks[2]

Sumário

Prefácio – Marielle presente e semente 9
Apresentação – O luto na luta 13

2018
Não pode ser 17
Sua força, nossa força 21
E se estivéssemos lá? 23
Quantas Marielles? 25
Incondicionalmente 27
O Lula ligou 29
Franciscos 31
Apagamentos 33
Medo 35
Quem era você? 37
Comoção mundial 39
Meu dia sem você 41
No primeiro sonho, o "Papo Franco" 47
Mês de festa. Em luto 49
Suas leis 51
Desrespeito 53
Covardias 55
Estação Primeira 57
Maracanã 59
Ele está chegando! 61
A abusada e a medrosa 63
Seu livro 65
O primeiro Natal 67

2019
Suas roupas 69
A medida do luto 71
Vila Isabel 73
Não serei interrompida 75
A prisão 79
Um ano 81
Você está em Paris 83
Páscoa 85

Lacrada 87
Meu presente: você presente 89
Funk e fé 91
Angela Davis 93
O jogo que a gente não jogou 95
Garota do clipe 97
Três filhas 99

2020
A raiva como motor 101
Saudade de um glitter 103
Um mar de revolta 105
Salve, Jorge! 107
Quantos mais? 109
Saudade da gente 111
Eloah, sua sobrinha 113
Sementes 115
Taís Araújo 117
Antonio Francisco 119

2021
Escrevivências 121
Nossa placa luminosa 123
Roda Viva 125
Minha amiga bell hooks 127
Marinetinha e a despedida 129

2022
Boric 131
Sem respostas 133
A dor no peito de mainha 135
Francia Márquez 137
Aniversário 139
Não nos deixam respirar 141
Alguém tem que responder 143

Notas 145
Agradecimentos 149
Fotos 152

Prefácio
Marielle presente e semente

No dia 14 de março de 2018, quando a ausência física da vereadora Marielle Franco e do motorista Anderson Gomes se fez presente, Anielle Franco voltou a escrever em seu diário – hábito cultivado, principalmente, no período em que foi bolsista nos Estados Unidos como atleta, jogadora de vôlei. "Quando mataram Marielle, eu recomecei a escrever porque tinha muita raiva. Era o que me acalmava", me contou Anielle, que, mesmo reconhecendo os efeitos calmantes da escrita, chegou a se questionar se valeria a pena, se adiantaria alguma coisa continuar escrevendo, falando, protestando.

E graças a uma amiga, que lhe enviou um recorte de um artigo da estudiosa norte-americana Gloria Anzaldúa, Anielle se entusiasmou para escrever sobre si mesma e sobre sua irmã. O texto de Gloria dizia:

> Escrevo para registrar o que os outros apagam quando falo, para reescrever as histórias mal escritas sobre mim, sobre você. Para ser mais íntima comigo mesma e consigo. Para me descobrir, preservar-me, construir-me, alcançar a autonomia.

E ao longo dos relatos de muitos dias, quatro anos depois da morte de Marielle, registrados neste livro, vamos descobrindo, construindo e preservando a imagem de Marielle através do olhar de Anielle, atravessado ora pelo horror, ora pelos sentimentos de saudade e doçura. Horror ao descrever, logo no início, o momento em que encontrou o corpo da irmã estendido no interior do veículo, de portas abertas, em pleno centro do Rio ("Sua bolsa azul e seus óculos estavam no chão. Sua mão estava para fora do carro. Seu sangue, *nosso sangue*, pingava no chão"); sentimentos de saudade e doçura ao se referir aos momentos de intimidade afetuosa em família ("Sinto falta de ir à missa com nossos pais e de morrer de vergonha de guardar lugar para você e você *sempre* chegar atrasada. Sinto falta de brigar pelo último pedaço de pudim e tirar um cochilo no chão, depois do almoço, ouvindo você, a mãe e o pai fofocarem").

Acompanhamos na obra um pouco da rotina dessas irmãs, crias da favela da Maré, no Rio de Janeiro ("Até hoje me lembro do cheiro do ônibus que a gente pegava para ir ao Conjunto Esperança, lá na Maré. Era uma menina cuidando de outra. Mas, para mim, você era a

Mulher-Maravilha. Principalmente quando a gente tinha que se proteger de tiroteio na favela. Você me abraçava assim que ouvia os tiros, como se fosse meu escudo").

As memórias de Anielle celebram a existência de Marielle. Essas memórias são também entremeadas por pensamentos de intelectuais pretas como Conceição Evaristo, Audre Lorde, bell hooks e Maya Angelou.

"Eu não conto os dias sem você! Ao contrário, às vezes, pego o telefone e penso: *Aquela viada não me ligou hoje.*" Decidi então rezar. Me conectei com a vó Filomena, com você e com nossa ancestralidade que me dá tanta força. Enquanto rezava, lembrei de um poema da Maya Angelou:

> [...] Da favela, da humilhação imposta pela cor
> Eu me levanto
> De um passado enraizado na dor
> Eu me levanto
> Sou um oceano negro, profundo na fé,
> Crescendo e expandindo-se como a maré.
> Deixando para trás noites de terror e atrocidade
> Eu me levanto
> Em direção a um novo dia de intensa claridade
> Eu me levanto
> Trazendo comigo o dom de meus antepassados,
> Eu carrego o sonho e a esperança do homem
>   escravizado.
> E assim, eu me levanto
> Eu me levanto
> Eu me levanto.

Anielle se levanta, expressa sua dor, sua saudade, seu ódio e seu amor e transforma raiva em combustível para que o luto vire luta. "Tentaram te interromper, mas você nunca será interrompida. Sua voz virou símbolo da mulher na política, virou inspiração e é parte da história."
Marielle está presente, Marielle é semente.

MAJU COUTINHO, jornalista

Apresentação
O luto na luta

Como tantas irmãs mais velhas pelo Brasil, a jovem Marielle Franco ajudou a mãe, dona Marinete, nos cuidados da caçula, Anielle. Por mais de uma vez, voltando juntas da escola pelas ruas da Maré, Marielle, ao ouvir rajadas de tiros, se lançou como um escudo sobre a irmã. Acreditava que ela, também uma criança, poderia proteger a outra, cinco anos mais nova. Aos olhos de Anielle, Marielle era a legítima Mulher--Maravilha.

As duas cresceram, mas a dinâmica e o cuidado entre as irmãs não mudaram. Marielle permaneceu como farol de Anielle. Juntas, se tornaram amigas e passaram a dividir os anseios da vida. Gostavam de missa e de funk. De política e de festa. E sonhavam em cursar mestrado e doutorado. Por abraços, cartas ou mensagens de texto, as irmãs sempre se apoiavam, independentemente do caminho que tivessem escolhido.

Marielle enveredou pela política institucional e concluiu o mestrado, no qual estudou o caráter penal das Unidades de Polícia Pacificadora no Rio de Janeiro.[3] Já Anielle, à época professora, sonhava com a conquista de títulos acadêmicos e nutria o desejo de ser comentarista esportiva, unindo o seu amor pelo vôlei e a sua formação em jornalismo.

A brutal execução de Marielle, em 14 de março de 2018, interrompeu o sonho das duas. À força, Anielle precisou entender que, além da irmã e amiga, havia muitas outras Marielles.

Única vereadora declarada negra eleita pela cidade do Rio de Janeiro em 2016,[4] a atuação e a presença política de Marielle era um caso raro de representação das demandas sociais nos corredores da Câmara Municipal do Rio de Janeiro. E ela ainda tinha uma qualidade impalpável que muitos querem e poucos têm: o carisma. Lideranças como ela são tão necessárias quanto raras. Seus assassinos mataram também um pedaço de futuro que poderíamos ter tido como país.

Desde o assassinato da irmã, Anielle precisou ver e viver a sua dor íntima exposta a todo um país. Aprendeu errando em público. Acertou também em público. Com sua capa e espada, presentes no sangue das mulheres da família, defendeu o nome da irmã de mentiras e de tentativas de apagamento. Foi obrigada a viver seu luto na luta para cobrar por justiça e ajudar outras Marielles a levarem o legado da irmã adiante na política.

Anielle, desde muito nova, escreve furiosamente. Da paixão pela escrita, veio a formação como jornalista. Neste livro, ela mistura pedaços de um diário que começou a produzir quando a irmã morreu, com trechos que mostram as tristezas, as lembranças e os sonhos que ela continua colocando no papel e que a ajudam a se manter mentalmente sã.

Através desse olhar privilegiado de irmã, entramos na intimidade da menina da Maré que se tornou heroína do mundo.

CAROL PIRES, *jornalista e roteirista*

14 de março de 2018

Não pode ser

Eu estava deitada com Mariah, no terraço de casa, quando o telefone tocou.

Era uma amiga, e nada do que ela dizia fazia sentido. Era tudo confuso. Não sei se ela não conseguia dizer o que queria ou se eu não queria entender o que ouvia. Mas fiz o que ela mandou: acessei um site de notícias e o inacreditável estava lá.

Desci correndo as escadas da sala e encontrei Luyara, nosso pai e nossa mãe em estado de choque. Painho estava catatônico, emudecido. Ali, pensei que perderia todos eles. Luy e mainha se debatiam no chão. O pânico, o choro e os gritos de desespero ecoavam dentro da minha alma. Eu só queria te encontrar e entender o que estava acontecendo.

No meio daquele inferno, alguém telefonou pedindo que um de nós fosse ao centro da cidade, onde tinham te encontrado. Olhei para nossos pais e para sua filha e entendi que aquela missão era minha. Talvez tenha sido naquele momento que compreendi – mesmo sem racionalizar – que precisaria transformar meu luto em luta.

Foi o pai de Mariah quem me levou ao Centro. Chegando lá, fui impedida de passar pelo cordão de isolamento, mas eu pude te ver. Sua bolsa azul e seus óculos estavam no chão. Sua mão estava para fora do carro. Seu sangue, *nosso sangue*, pingava no chão.

Senti um choque; depois, muito frio.

Me lembrei de sua mão quente segurando a minha quando estava parindo. Lembrei que você a segurava toda vez que eu era tomada pelo medo. O sentimento de vê-la e não poder tocá-la me atravessou como faca amolada.

Voltei à nossa casa e assistimos à tempestade que tomou conta do Rio de Janeiro naquela noite. O rajar dos ventos, a força das águas, o clarão dos raios e o barulho dos trovões protestavam contra a sua partida.

Os olhos de nossos pais queimavam de tanto chorar. Mariah, meu bebê, gritou, dormindo, seu nome. Meu espanto foi tanto que nem consegui chorar. Eu só olhava fixamente para ela e escutava o barulho incessante da chuva.

Nas primeiras horas da manhã, eu estava pronta para ir ao Instituto Médico Legal. O noticiário contava treze tiros contra o seu carro, cinco na sua cabeça. Eu vi os tiros. Vi você, minha irmã mais velha, um mulherão, deitada e sem vida em uma maca fria. Acertaram o seu rosto e apagaram o seu sorriso. Quem teria motivo para apertar o gatilho contra você? Quem, Mari?

Do lado de fora, eu e Ágatha, esposa do Anderson, também assassinado enquanto dirigia o carro em que vocês estavam, fomos abordadas por um batalhão de jornalistas. Falamos que vocês eram mãe e pai.

Ágatha e Anderson tinham o pequeno Arthur. Ela falou da condição congênita rara de seu filho e da luta diária dela e do Anderson. Falou como seria difícil seguir sem ele. Você tinha a Luyara. E, na hora, foi o que me veio à cabeça. Falei que tinham matado uma mãe e deixado outra sem a filha primogênita. Falei que mataram a minha irmã e que você não merecia isso, que a nossa família não merecia isso.

À tarde, quando o velório começou, o tempo havia parado de correr. Parecia que eu estava acordada havia dias; o olho embaçado, o sangue gelado. Seu nome estava em todos os jornais. Mataram uma vereadora – e eu ainda não tinha notado que a minha dor era a de milhares de pessoas que elegeram você.

Ficamos no segundo andar da Câmara de Vereadores. E, enquanto traziam seu corpo silenciado dentro do caixão, o padre nos chamou. Nossa mãe estava inconsolável. Então ele parou e pediu que olhássemos pela janela e víssemos a comoção que você tinha causado.

A Cinelândia, que cruzamos tantas vezes atrás de blocos de Carnaval, estava lotada. Milhares de

14 de março de 2018

pessoas gritavam o seu nome, diziam que você estava viva, que você estava presente.

    Elas pediam justiça por você, Mari. Pediam justiça por Marielle Franco.

15 de março de 2018

Sua força, nossa força

Maquiamos bem o seu rosto para esconder os tiros. Queríamos apagar as marcas do ódio deles.

Vestimos você com um de seus vestidos de estampa africana favoritos. Ele era cor coral. O mesmo tom do turbante que usamos para envolver o seu cabelo. Seus olhos estavam fechados, e você continuava linda.

Ao me despedir à força, me lembrei de algo que você me disse por mensagem de texto um dia antes da tragédia. Falávamos um pouco de tudo, de nossos relacionamentos, das demandas da rotina e do futuro. Você pediu que eu não me esquecesse da força que habitava em mim.

Lembrei que pouco antes do atentado, ali mesmo na Casa das Pretas,[5] você havia dito algo parecido a outras jovens negras. Na fala, você citou Audre Lorde:[6] "Não serei livre enquanto outra mulher for prisioneira, mesmo que as correntes dela sejam diferentes das minhas".[7]

15 de março de 2018

Na saída do encontro, você convocou as meninas à luta: "Vamo que vamo. Vamo junto ocupar tudo".

Enquanto escrevo essas lembranças doídas, retomo Lorde para voltar a você:

Escrevo sobretudo para aquelas mulheres que não falam, que não verbalizam, porque elas, nós, estamos aterrorizadas, porque fomos ensinadas a respeitar mais o medo que a nós mesmas. Fomos ensinadas a respeitar nossos medos, mas devemos aprender a nos respeitar e a respeitar nossas necessidades.[8]

Não ficarei em silêncio, irmã. Terei coragem, eu te prometo.

16 de março de 2018

E se estivéssemos lá?

Passei o dia lendo suas últimas mensagens, tentando achar um sentido para tudo isso. Há três dias, você me mandou nossa foto na igreja de São Jorge, onde a gente sempre ia em 23 de abril, dizendo pra eu nunca esquecer que estaríamos sempre juntas. Será que você estava pressentindo algo?

    Luyara e eu só não fomos te ver na Casa das Pretas naquela noite porque pegamos conjuntivite. E se a gente estivesse lá? Mudaríamos o rumo de tudo isso? Teríamos ido contigo pra casa? Ou te tirado do carro?

    Luyara disse que você não quis abraçá-la pra não pegar conjuntivite e perder aquela conferência em Harvard – imagina só, Harvard! Você não faltaria àquele evento por nada. E agora Luy fica falando que devia ter te abraçado à força. Ela queria ter prendido você nos braços dela.

17 de março de 2018

Quantas Marielles?

As pessoas gritam "Marielle, presente!" quando saio na rua. Mas para quem elas gritam? É para você? Ouço isso pensando que não mataram a minha Marielle. Eles conheciam outras versões de você. Enxergavam em você a concretização de muitos sonhos.

Flávia Oliveira[9] escreveu quinta-feira no jornal:

> Tinha muitas camadas a Marielle. Foi vítima, por isso, de múltiplos assassinatos. Cada tiro atingiu uma pele. A pele da mulher negra. A pele da mãe. A pele da favelada. A pele da socióloga. A pele da defensora dos direitos humanos. A pele da representante eleita para a Câmara Municipal de uma cidade tomada pela brutalidade e pelo medo. Marielle teve o corpo abatido. Sofreu morte física, mas também simbólica. Numa só mulher, muitos significados.[10]

17 de março de 2018

    Os tiros disparados contra você eram de armas de uso restrito das forças de segurança pública do Estado. Cada camada de você interpelada pela violência do próprio Estado.

18 de março de 2018

Incondicionalmente

Hoje foi um daqueles dias que parecem mentira. A equipe de Katy Perry – sim, a cantora! – entrou em contato para homenagear você. Tudo muito louco e intenso. Você morreu há quatro dias e hoje recebemos essa ligação.

Decidimos ir ao show.

A Praça da Apoteose estava lotava. Eu estava com Luyara, e o tempo todo pensava que você também engoliria a dor para nos representar se algo tão violento tivesse acontecido com alguém da nossa família. Quando penso nisso, sigo em frente.

Às vezes, é louco acreditar que te mataram e de repente estou num palco com Luyara e Katy Perry. Me lembro de você cantando, cheia de vida, I kissed a girl:

> *I kissed a girl and I liked it*
> *The taste of her cherry chapstick*
> *I kissed a girl just to try it*
> *I hope my boyfriend don't mind it*

18 de março de 2018

Lá, no palco, Katy Perry disse:

[...] It doesn't matter where you live or where you come from.
If you come from the favelas or if you come from the very nice parts
Wherever you are, whoever you love, whoever color of your skin [...][11]

Lembrei tanto de você, Mari.
Antes mesmo de a sua foto ser projetada no palco, ouvíamos as pessoas gritando o seu nome. Elas pediam justiça por você, e tenho certeza de que a voz delas vai levar seu nome pro mundo.
Ela cantou uma música que eu ainda não conhecia, mas que parecia ter sido feita pra gente. O refrão fala de um amor incondicional:

Unconditional, unconditionally
I will love you unconditionally[12]

Eu te amarei incondicionalmente.
Depois do show, ela mandou rosas vermelhas pra gente. Elas estão num vaso agora, em cima da mesa na casa da mãe.
Estou tão cansada, Mari. Nem sei de onde estou tirando forças para continuar.

21 de março de 2018

O Lula ligou

Tenho a sensação de que estou vivendo dentro de uma névoa. Entre tentar me lembrar de tudo que aconteceu nos últimos dias e não acreditar que tiraram você da gente, recebemos telefonemas de pessoas que nunca imaginaríamos.

Acho que foi ontem que o presidente Lula ligou. Botei no viva voz e foi aquele alvoroço. Ninguém acreditava que era ele, mas a voz é inconfundível.

Ele falou que não era para eu desistir nesse momento. Que era difícil, mas que a luta continuava. Ele sabia bastante de você. Falou sobre várias coisas que você estava fazendo na política. Depois, ele falou com a mãe. Quando desligamos o telefone, eu só queria te contar tudo que estava acontecendo.

Março de 2018

Franciscos

Tem horas que imagino você aí em cima rindo da nossa cara. Hoje, um pouco antes da sua missa de sétimo dia, o celular da mãe tocou. Era o Papa. O Papa Francisco, lá do Vaticano, ligou para nossa mãe. Foi um bafafá, ninguém sabia se era trote ou não. Mas era, sim, o Papa!
    Ele falou em português, com um sotaque meio argentino, disse que sentia muito pela sua morte e que rezava pela nossa família. Você já imagina como ficou dona Marinete, né? Católica do jeito que ela é, ficou em êxtase. A mãe contou para ele que lá em casa todo mundo é mariano, devoto de Maria, Nossa Senhora.
    Depois entendemos por que o Papa ligou. Luyara escreveu um e-mail para Lucas Schaerer, jornalista argentino, da ONG La Alameda, dizendo que estávamos enfrentando muito discurso de ódio e que precisávamos de amor. Ele achou a mensagem emocionante e, como tem

uma relação pessoal com o Papa, encaminhou a mensagem a ele.

Passei o resto do dia me lembrando de quando morávamos no Morro do Timbau, lá na Maré, naquele condomínio vizinho à igreja Nossa Senhora dos Navegantes, onde fizemos catequese. Você foi instrutora dos alunos mais novos, fez sua festa de 15 anos e ainda se casou com o Glauco,[13] antes de a Luyara nascer – tudo no mesmo salão de festa.

Quando desligamos o telefone, o pai fez graça, lembrando que você trocou o sobrenome Francisco por Franco porque tinha sofrido bullying na infância; mas que o Papa era Francisco como a gente e ninguém reclamava.

Ele sabe que você nunca se envergonhou do nosso nome, porém precisava de um nome político mais sonoro. Marielle Francisco virou Marielle Franco.

24 de março de 2018

Apagamentos

Seguem tentando te silenciar. Os tiros não calaram você. Ao contrário, sua voz ganhou ainda mais alcance e eles não aceitam. Tentam manchar seu nome inventando mentiras sobre você.

Inventaram – olha que absurdo! – que você teve a campanha financiada pelo tráfico e que tinha sido casada com Marcinho VP.

Até uma desembargadora ajudou a espalhar absurdos como esse contra você,[14] tentando te associar ao crime – provavelmente porque você era uma mulher negra da favela. É só assim que essa gente consegue nos ver: com ódio e preconceito. "Racismo não tem gênero", já dizia bell hooks.

Ontem, a Justiça mandou o YouTube apagar dezenas de vídeos mentirosos e ofensivos contra você. O Facebook tirou do ar uma página ligada ao Movimento Brasil Livre (MBL) que também divulgou histórias falsas sobre você.

Duas horas depois de te ver morta no centro do Rio, notícias falsas sobre você já haviam se

24 de março de 2018

espalhado. E elas continuam sendo fabricadas, porque eles tentam sujar a sua memória – e isso eu não vou permitir, Mari.

Passei os últimos dias respondendo e-mails de jornalistas que me procuraram para desmentir essas notícias e falar a verdade. Quando dei por mim, estava assinando com o sobrenome que você escolheu para a gente.

Agora sou Anielle Franco.

30 de março de 2018

Medo

Fico tentando lembrar se alguma vez você disse ter sido ameaçada ou estar com medo. Mas não, você era bem-vinda em todos os lugares. Era impossível presenciar a sua chegada e não ser contagiado pelo seu sorriso.

A única vez que me lembro de você tensa foi durante o monitoramento da intervenção federal no Rio de Janeiro. Você era relatora da comissão formada na Câmara dos Vereadores. Você me disse: "Cara, eu fui nomeada relatora da intervenção. Tem que rezar". Na hora, aquilo soou como um desafio profissional e de militância, não como uma ameaça. Você nunca pediu escolta, segurança, nada.

Agora somos nós que nos sentimos ameaçadas. Eu, nossa mãe, sua filha, suas amigas, sua equipe, o partido, suas eleitoras, as outras eleitas, as mulheres todas.

Temos protestado e pedido por justiça. Mas leio nosso país nos jornais e sinto medo de que

30 de março de 2018

as pessoas que te mataram estejam por todos os lados, inventando mentiras, apoiando quem te critica, votando em quem defende tudo aquilo que você queria extinguir.

Às vezes, me questiono se falar, escrever ou protestar adianta alguma coisa. Uma amiga me mandou um recorte de um artigo da Gloria Anzaldúa[15] que me inspirou a escrever sobre você e sobre mim:

Escrevo para registrar o que os outros apagam quando falo, para reescrever as histórias mal escritas sobre mim, sobre você. Para me tornar mais íntima comigo mesma e consigo. Para me descobrir, preservar-me, construir-me, alcançar a autonomia.[16]

Abril de 2018

Quem era você?

Lembra que cheguei aquele dia em casa com uma camiseta do Martin Luther King? Porra, você me encheu o saco. Fez um monte de perguntas até se convencer de que eu conhecia a trajetória do pastor norte-americano. Só daí você disse que eu podia usá-la. "É feio usar a imagem de quem a gente não sabe o que representava." Sempre me lembro desse dia quando vejo seu rosto estampado por toda parte.

    Irmã, você ia ficar DE CARA. Seu rosto está estampado nos muros das cidades, em bandeiras, camisetas, adesivos. Na internet, há milhares de ilustrações do seu rosto. E isso tem me incomodado tanto. Tem gente que nunca ouviu falar de você antes disso tudo e hoje vende sua foto, sua imagem, candidaturas e pautas com seu nome.

    Alguém disse que não sou dona da sua história, que sua vida é pública. É muito maluco viver um luto público. Todo mundo acha que conheceu você, que sabe quem você foi. "A forma como vivemos o nosso luto é informada pelo fato de conhecermos ou não o amor."[17]

Você virou um símbolo e enxergo a força disso. No entanto, é difícil aceitar que você não é apenas a minha irmã. Você é uma mártir, como foi e é Martin Luther King.

Recebi tantos convites para falar sobre você no Brasil e no exterior que nem acredito. Não consegui aceitar muitos, porque eu tenho que continuar trabalhando, dando aula de inglês em cinco escolas.

Me sinto só o tempo todo e, muitas vezes, confusa. Quem era você? É estranho dividir você com o mundo. E quem sou eu agora que falo por você? O seu destino também era o meu?

Tenho começado a colocar tudo o que eu sinto no papel. Entendendo cada vez mais Conceição Evaristo:[18]

Escrevivência pode ser como se o sujeito da escrita estivesse escrevendo a si próprio, sendo ele a realidade ficcional, a própria inventiva de sua escrita, e muitas vezes o é.

Se eu entender quem sou eu, vou entender quem você era?

Abril de 2018

Comoção mundial

Tempos atrás, falaram de você no Parlamento Europeu, em Estrasburgo, na França.

O Parlamento de Portugal aprovou por unanimidade uma nota de pesar pela sua morte.

Na Organização das Nações Unidas (ONU), pediram uma investigação "minuciosa, transparente e independente" sobre seu assassinato.

Preciso acreditar que haverá justiça. Não é só sobre mais uma mulher negra da favela que morreu assassinada como tantas, tantas, tantas outras. É sobre o que você representava: sua cor, seu gênero, suas ideias, seu eleitorado. É sobre o país que queremos construir.

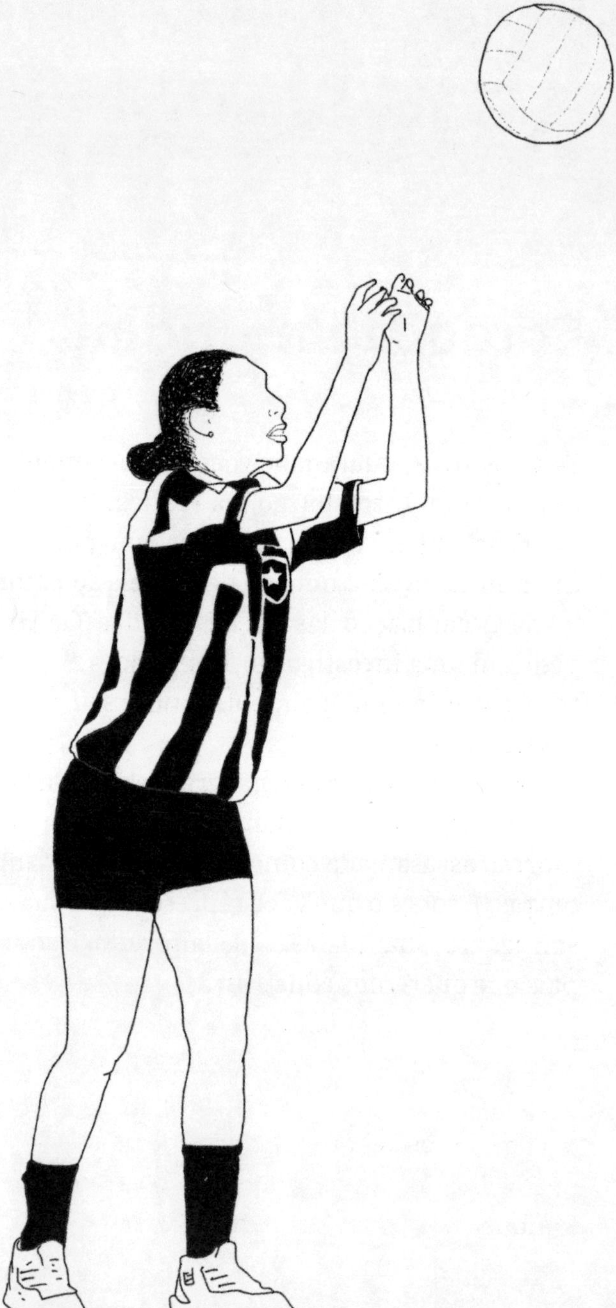

3 de maio de 2018

Meu dia sem você

Até os 16 anos, eu era conhecida como "Anielle da Maré". Há quase dois meses, sou "a irmã da Marielle". Para você, eu era "Naninha", e acho que prefiro assim.

Me lembro de você me chamar assim quando morávamos no Conjunto Esperança, na Maré, e você brigava com os garotos que não me deixavam jogar bola. Você descia lá, tomava a bola deles e ameaçava não deixar ninguém mais brincar se eu não fosse incluída na brincadeira.

Lembro também que a mãe me colocou para jogar vôlei lá no Vasco da Gama e, depois, no Botafogo. Até para viver meu sonho, foi aquela luta.

Às quatro e meia da manhã dona Marinete estava de pé, acordando a gente para comer cuscuz com ovo e queijo e tomar um leite. Ela preparava uma marmita e uma mochila cheia de roupas para eu ficar, às vezes, quinze horas fora de casa.

Na avenida Brasil, eu pegava o primeiro ônibus dos muitos que ainda enfrentaria no dia.

3 de maio de 2018

Chegando à Zona Sul, eu ficava encantada com os apartamentos enormes de frente para a praia. O contraste com a nossa vida era brutal. A gente morava de frente para uma vala aberta.

E quando tinha que comprar tênis, roupa, joelheira e pagar passagem? Ficava óbvio que viver de vôlei não era a realidade de famílias faveladas como a nossa. Mas a gente seguia em frente.

Fui uma das primeiras jogadoras da minha idade no clube a receber cesta básica e vale-transporte. Me lembro da alegria no rosto de nossos pais quando souberam que não teríamos mais que gastar com ônibus e que economizaríamos nas compras do mercado. Eu me senti a menina mais valiosa do mundo.

Mas também não esqueço dos dias em que me sentia péssima.

Lembra aquele jogo em que fui chamada de "macaca, favelada, nariguda" e de "cabelo ruim" pela torcida adversária? Naquele dia, o choro do nosso pai e o grito da nossa mãe, somados ao tapa que você deu na moça que insistia em me chamar assim, me fizeram chorar e ser tomada por um sentimento de ódio e injustiça, mas, ao mesmo tempo, ter orgulho da minha origem.

Naquele dia, prometi a mim mesma que daquela dor cresceria uma mulher, negra e decidida, que lutaria contra qualquer tipo de opressão que atravessasse meu caminho.

Foram anos até compreender como o racismo sempre dava um jeito de me achar.

3 de maio de 2018

Alguns anos depois, veio mais uma recompensa: aquela bolsa de estudos integral em um colégio particular, também na Zona Sul. E, depois, a bolsa para estudar nos Estados Unidos, como jogadora de vôlei, que eu sempre sonhei.

Você e a mãe conseguiram bicos. Venderam roupas, sapatos e sacolé de porta em porta para pagar os custos do visto e da minha viagem. Os professores e os amigos fizeram vaquinha, e o pai pegou hora extra. Os vizinhos me deram casacos. A favela toda se juntou para eu poder ir viver meu sonho.

Outro dia, achei uma carta que te mandei quando estava lá. Eu contava meu dia, dizia que tinha ganhado um campeonato, que tinha sido escolhida a melhor jogadora do torneio. Também achei uma sua, ela já estava bem apagada, mas consegui ler:

> Oi, Ani! Fiquei muito feliz de saber do seu jogo hoje. Tem sido difícil conciliar estudo, trabalho e a Luy. Mas prometo sempre estar por perto para o que precisar. Te amo!

Achei também uma carta da nossa mãe.

Lembro que cada carta que chegava para mim era um turbilhão de lágrimas e força. Cada coisa escrita por você vinha com um desenho lindo da Luyara. Nosso pai contava todos os pontos que eu tinha marcado naquela temporada e sempre tinha uma foto da família me esperando.

3 de maio de 2018

Foram anos vivendo e experimentando outra cultura. Anos de saudade, de prática da escrita e de uma doce mas demorada espera por notícias. Foram também anos de muito aprendizado e dor.

Não dá para esquecer aquele campeonato na Carolina do Norte, em que jogadores de futebol americano, todos brancos, me chamaram de "puta brasileira". Chorei muito contando aos professores o que tinha acontecido.

Também falei com a coordenadora dos estudantes e com o técnico do time e decidi denunciar os jogadores. Sob pena de multa, eles foram obrigados a me pedir desculpas e a prestar serviços comunitários quando o campeonato acabasse.

Teve aquela outra vez em que uma equipe de seleção, formada só por pessoas brancas, me excluiu de um programa de estágio porque meu sotaque "era muito brasileiro". Ainda tive que escutar que "no Brasil, as pessoas costumam estudar pouco".

Mas a pior situação de todas foi quando aquele meu técnico do vôlei me assediou, mostrando o pênis. Ele disse que todas as brasileiras que conhecia eram prostitutas. Com o seu apoio e a ajuda de uma professora querida, eu também o denunciei. A escola o afastou e colocou uma mulher no cargo dele.

Mas tanta coisa boa aconteceu. Lembro quando liguei para contar que tinha conhecido meu primeiro professor negro e minha primeira

3 de maio de 2018

técnica negra. Me ver representada neles trouxe alento para a minha rotina.

Tivemos muitas conversas até eu entender que essas dores sempre fariam parte da minha vida. Com você, compreendi que estávamos abrindo caminho para outras que viriam depois de nós.

Lembra que voltei dos Estados Unidos, depois de doze anos, sonhando em ser jornalista, como a Glenda Kozlowski, que foi atleta e depois passou a trabalhar na imprensa?

Naquela época, em 2012, fiz três entrevistas para grandes veículos do Brasil. Ouvi de dois deles que meu rosto não era para bancada. E aí eu fui desistindo...

Nosso pai estava desempregado, você trabalhava muito pra criar a Luyara, e a nossa mãe dava conta de tudo.

Aí eu pensei que teria que conseguir dinheiro pra ajudar em casa. Fui parar nas aulas de inglês.

Hoje, me lembrei dessa jornada toda porque, pelo caminho, fui me esquecendo de sonhar. E agora, como vai ser? Ainda dá para sonhar por baixo de tanta dor?

Sinto muita falta de conversar contigo. Sinto falta de ter você como farol na minha vida, minha melhor amiga. É muito difícil tomar decisões sem a sua ajuda.

Te amo.
Naninha

Maio de 2018

No primeiro sonho, o "Papo Franco"

Dormindo no quarto do terraço da casa da nossa mãe, onde recebi a notícia do seu assassinato, sonhei contigo pela primeira vez desde que você partiu.

Meu aniversário estava perto, mas, no sonho, você dizia que era o seu que se aproximava. "Meu aniversário está chegando, você não vai fazer nada pra mim, não?"

Eu respondia *pê* da vida, exatamente como era quando a gente se espezinhava: "Porra, garota, até no meu dia tu vem me encher o saco?".

Naquele sonho, você me disse para fazer o "Papo Franco". Eu pensei: *Que mané é "Papo Franco"?*

No dia seguinte, liguei para Pâmella Passos, sua comadre, agora minha amiga, e perguntei o que era "Papo Franco". Você tinha começado a gravar o quadro no mandato, e eu fui resgatar isso para celebrar seu aniversário – como você exigiu no sonho.

Marcamos o primeiro "Papo Franco" para celebrar o Dia da Mulher Negra Latino-Americana e Caribenha, com Ivanete Silva,[19] coordenadora do Fórum de Mulheres de Caxias, e Jurema Werneck,[20] diretora-executiva da Anistia Internacional Brasil.

Cristiane[21] e eu fomos as mediadoras. Estou nervosa, mas acho que será um evento à sua altura.

Marquei a estreia para o dia 27 de julho de 2018, quando você completaria 39 anos.

27 de julho de 2018

Mês de festa. Em luto

Julho sempre foi mês de festa. E agora?

Nossos pais se casaram em 22 de julho de 1978, em Alagoa Grande, brejo paraibano. Nossa mãe sempre conta que a nossa vó, Filomena Francisca, a dona Filó, criava galinhas e matou não sei quantas para fazer o jantar da festa de casamento.

Um ano depois, já estavam morando no Rio – os dois com apenas 27 anos. A mãe conta que a vó chegou ao Rio para acompanhar seu nascimento e os três – a vó e os nossos pais – celebraram o primeiro ano de casamento com um almoço no fim de semana. Eles se lembram até hoje do cardápio! Feijão novinho temperado na hora – marca registrada de mainha –, carne assada, farofa e macarrão.

Na sexta-feira seguinte, você nasceu.

O pai sempre conta que queria te dar o nome de Antoniete, misturando o nome deles, Antonio e Marinete, mas bendita seja a mãe que insistiu em Marielle, versão de Danielle, que à época

27 de julho de 2018

estava na moda, mas com o M de Marinete. Imagina só o povo te chamando de Antoniete?! Seu apelido seria Tuninha! E ainda bem que a mãe inventou o Anielle para ter um nome com o A de Antonio, imagina se Antoniete sobra pra mim? A gente morre de rir lembrando desses papos.

    Hoje minha alma é só tristeza. Mas tento lembrar que você gostava de festa. E daí, não consigo te imaginar em outra vida que não seja com festa. Então, tenho certeza de que hoje tem festa no céu.

14 de agosto de 2018

Suas leis

Hoje, a Câmara Municipal do Rio de Janeiro votou seis projetos de lei apresentados por você, mas deixou dois de fora; um deles, o que garantia assistência às mulheres submetidas ao aborto legal.[22]

Hipocrisia. Seu projeto era muito bem embasado na lei e em números. De 2013 a 2015, 52% das mulheres que tentaram realizar o aborto que lhes foi garantido por lei não foram atendidas.[23] Sendo que 94% das mulheres que buscam aborto legal foram vítimas de estupro,[24] um crime horrendo. Ainda hoje, a prática do aborto ilegal, para onde as mulheres são jogadas por falta de amparo, é a quarta causa de morte materna.[25]

Também adiaram o projeto da luta contra a LGBTQIAP+fobia,[26] provavelmente porque isso assusta os fundamentalistas.

Mas foram aprovadas a lei que cria as creches em horário noturno para famílias que trabalham

14 de agosto de 2018

à noite e a que instaura o dia 25 de julho como Dia de Tereza de Benguela e da Mulher Negra, mesma data do Dia da Mulher Negra Latino-Americana e Caribenha.

Também aprovaram o Dossiê Mulher Carioca[27] (com dados de mulheres atendidas por políticas públicas), que prevê medidas socioeducativas para menores infratores, e a lei que fala sobre assédio e violência sexual.[28]

A gente sempre conversava sobre como as mulheres fazem uma política diferente, pautada em vivências, em empatia com a vida dos outros; um sentimento que vira instrumento político para destravar debates e fazer as coisas acontecerem mais rápido.

Você tinha tanta clareza disso e me ensinou tanto.

20 de agosto de 2018

Desrespeito

Só hoje, cinco meses depois que você morreu, o secretário de Segurança Pública do Rio, o general Richard Nunes, chamou nossa família para falar sobre o crime. Até agora, ficávamos sabendo tudo pelos jornais, como qualquer pessoa, como se não fôssemos sua família.

Inacreditavelmente, saímos de lá sem nenhuma novidade.

Jurema Werneck estava conosco e perguntou se ele tinha feito a gente ir até lá para nada.

Eu também perguntei, até um pouco grosseira, o que ele tinha a dizer para os nossos pais, e ele só repetia: "Tá caminhando, tá caminhando".

O que é que está acontecendo?

8 de outubro de 2018

Covardias

Hoje, no shopping, andando com Mariah no colo, algumas pessoas me reconheceram e começaram a gritar na minha cara: "Feminista de merda, irmã daquela piranha!".

Mariah estava de uniforme. Eu não tinha nenhum broche, nenhuma bandeira, nada. Os uniformizados eram eles, todos com a camisa de um candidato à presidência que se camufla com símbolos patrióticos para executar seu plano de acabar com o Brasil.

Foi assustador, irmã. Não respeitaram sequer Mariah, um bebê de 2 anos. Ela ficou assombrada. E eu fiquei com medo de reagir, porque se faziam isso comigo com ela no colo, do que mais seriam capazes?

Uma feminista de uma ONG aqui do Rio tinha colocado o seu nome numa placa da avenida Rio Branco. Rua Marielle Franco. Só que no dia do primeiro turno da eleição presidencial, quando

8 de outubro de 2018

um bando de trogloditas foi eleito, aquela gente de alma sebosa quebrou a placa. Covardes!

    Nessas horas, sua morte é lembrada como um aviso de que os reacionários saíram do armário, armados e dispostos a tudo.

    Deus nos proteja.

14 de outubro de 2018

Estação Primeira

Hoje a Mangueira anunciou que o samba-enredo
da escola no ano que vem vai te homenagear, Mari!
    O samba vai se chamar "História para ninar
gente grande". O refrão diz "Brasil, o seu nome
é Dandara!", falando da guerreira que lutou
com Zumbi dos Palmares pela liberdade dos
escravizados.
    Eles cantam:

> Brasil, chegou a vez de ouvir as Marias, Mahins,
>   Marielles e malês
> Mangueira, tira a poeira dos porões
> Ô, abre alas! Pros seus heróis de barracões
> Dos Brasis que se faz um país de Lecis, Jamelões
> [...]
> Brasil, meu nego deixa eu te contar
> A história que a história não conta
> O avesso do mesmo lugar
> Na luta é que a gente se encontra.

14 de outubro de 2018

Falando de você e de Luísa Mahin na mesma estrofe, uma das lideranças da Revolta dos Malês! Falando de história e de luta, irmã.

Você virou símbolo! E está em todo lado! Mais tarde, vão fazer mais uma manifestação sobre você aqui no Rio. Vão distribuir mil placas com seu nome para confrontar aquela gente de alma sebosa que quebrou sua placa, querendo ganhar fama em cima do seu nome.

Não passarão!

25 de outubro de 2018

Maracanã

Mais uma vez me vi em cima do palco de um show gritando seu nome. Pouco depois de sua morte, foi no de Katy Perry, agora, no de Roger Waters, ex-Pink Floyd! Ele chamou Luyara, Mônica[29] e eu pra te homenagear, no show que ele fez ontem, no Maracanã.

Ele estava vestindo uma das nossas camisetas "Lute como Marielle Franco". De muitas maneiras, ele falou que você é líder do Brasil. Depois, apareceu num telão uma reportagem sobre seu assassinato publicada num jornal britânico.
E então ele tocou *Mother*.

Mother, will they put me in the fire line?
Is it just a waste of time?

O público gritou #Elenão, mas acho que, infelizmente, ele vai ganhar. Que tristeza eu sinto pelo Brasil.

28 de outubro de 2018

Ele está chegando!

Não esqueço a voz de alguns homens que apontaram o dedo pra mim, no meio da rua, no caminho de casa, dizendo: "Bolsonaro está chegando!".

Será que o Brasil passou a gostar de um terrorista, de um defensor da ditadura, de um homofóbico? Dezenas de pessoas já foram agredidas nas ruas e tenho muito medo de que eles ainda matem muita gente.

Eles mataram uma vereadora. Outro dia, assassinaram um menino de 12 anos na Maré, pelas costas. E nada acontece. Até onde eles são capazes de ir?

Tenho certeza de que tentaram te silenciar porque você defende as mulheres, os favelados, os pobres, os negros como nós. As pessoas se sentiram representadas por e com você na Câmara dos Vereadores, no poder. Eles não conseguiram engolir.

28 de outubro de 2018

 Uma hora dessas você seria senadora – quem sabe, presidente! É claro que eles não podiam deixar isso acontecer. Racismo puro.
 Mas você é muito maior que eles, Mari. Eles não faziam ideia disso.

Novembro de 2018

A abusada e a medrosa

Depois que eu fui mandada embora do trabalho, comecei a sentir medo de tudo. Das ameaças. De não dar conta do tranco. Dos debates cabeçudos. Das brigas partidárias. De não dar conta de ser mãe da minha filha, de não conseguir ser mãe também da sua filha.

Agora tenho medo do que será do nosso país nos próximos quatro anos.

Toda hora me lembro de quando a gente era criança e os mais velhos diziam que você era a abusada e eu, a medrosa. Quando você descia para furar a bola dos meninos que não me deixavam brincar, me passava uma confiança danada, sabia? Parecia que uma hora eu ia ter coragem de furar a bola deles sozinha.

Mas agora, sem você, volto a achar que eu sou a medrosa. Terei que ser sua porta-voz num momento muito pesado da política. E me vem um rancor enorme de tudo.

Novembro de 2018

Ontem à noite, no entanto, aconteceu uma coisa boa: sonhei com você! Você me abraçou e prometeu que tudo ia passar. Sinto sua presença muito forte, Mari. E sinto uma força que vem do meu ventre e corre até queimar meu peito.

Não posso ser a medrosa. Afinal, sou irmã da Marielle, filha da Marinete, neta da Filó.

Como fala a filosofia Ubuntu: eu sou porque nós somos.

14 de novembro de 2018

Seu livro

Não foi fácil terminar aquele mestrado na Universidade Federal Fluminense (UFF),[30] né? Como você escreveu na sua dissertação, "favelada, para subir na vida, além de pegar o elevador, tem que se esforçar muito".[31]

Você trabalhava o dia todo como coordenadora da Comissão de Direitos Humanos da Assembleia, no mandato do Marcelo Freixo, e, depois, ainda pegava a balsa para ir à faculdade; e mesmo com todas as dificuldades, você conseguiu terminar o curso, como tudo o que se propunha a fazer.

Hoje, publicamos a sua dissertação, o seu livro *UPP: a redução da favela em três letras*. Sei bem o quanto esse trabalho é fruto de muito estudo, de dedicação e, principalmente, de vivência, do que você ouviu, viu e viveu na favela. Você lia muito Sueli Carneiro[32] e, quando a leio agora, enxergo os caminhos por onde você passou.

"Escrever me permitiu organizar e qualificar a reflexão", diz Sueli. "Tornou-se instrumento de

14 de novembro de 2018

combate, respondendo à necessidade de produção de todos os sentimentos mais profundos e incômodos".

Sinto muito orgulho de ver parte da sua luta contra a violência policial impressa em letras pretas.

Dezembro de 2018

O primeiro Natal

Já se passaram 273 dias desde que você partiu e não consigo imaginar como será este primeiro fim de ano sem você.

Todo ano, dezembro era uma festa só. Nosso papito faz aniversário dia 23. No dia seguinte, é a Luyara, e assim íamos abrindo caminho para o Natal.

A gente nem se recupera da comilança da ceia, e a mãe faz aniversário no dia 27. Depois vem o ano-novo e, na primeira semana do ano, Mariah faz aniversário.

E, em todos esses dias, lá estávamos nós duas, parceiras de organização de festas, tirando par ou ímpar para ver quem se livrava da louça.

Neste dezembro, além do aniversário de todo mundo, também celebramos a sua vida. Fomos todos à Assembleia Legislativa do Rio receber por você a Medalha Tiradentes. Simplesmente a maior honraria da Casa.

Dezembro de 2018

    Você merecia ter recebido essa homenagem em vida. E certamente receberia, porque todo mundo já enxergava o que a gente sempre soube: você é gigante.

    Ainda é difícil falar de você no passado. Você é e será para sempre minha parceira. Minha melhor amiga.

Janeiro de 2019

Suas roupas

Quando você chegava à casa da mãe, ela e todos os vizinhos sabiam. "Marinetiiiiiinha!", você berrava do portão lá embaixo.

Se tinha comida no forno, você sentia o cheiro e entrava pela porta da cozinha. Ainda consigo te ouvir dizendo:

> Cheguei para comer, mas não trouxe porra nenhuma feita por mim! Só deu tempo de passar na feira e pegar umas coisas para agradar a mama.

Foi naquela cozinha que passamos a maior parte do nosso último dia juntas. Eu tinha ido a um torneio de vôlei de praia, mas me machuquei e voltei pra casa mais cedo. Você estava lá com Mariah. A mãe fez almoço, ficamos conversando e depois te levei numa festa. Comemos muito nesse dia!

Janeiro de 2019

Em uma das poucas vezes em que sonhei contigo, você chegava pela porta da cozinha e me dava um esporro: "Caralho, tá deixando a mãe doar minhas roupas?".

Acordei e corri pra falar com a nossa mãe. "Sonhei que tinha roupa da Marielle naquele saco de coisas que você separou pra doar", disse, meio nervosa. Fomos para o quartinho da bagunça, abrimos o saco e lá estava a sua jaqueta cinza, o vestido de frio que você usou no Chile – "É de velha, mas é chique" – e o turbante de que você mais gostava. Peguei tudo para mim.

Ai, Mari, às vezes tenho vontade de perguntar um monte de coisa em voz alta para você aparecer no meu sonho. Queria tanto escutar suas respostas, seus conselhos. Queria que você aparecesse para falar comigo, para me abraçar.

Sinto tanto a sua falta.

13 de janeiro de 2019

A medida do luto

Me falaram de um livro da Joan Didion,[33] *O ano do pensamento mágico*,[34] em que ela reflete sobre uma doença muito grave contra a qual sua filha única lutava e o luto causado pela morte recente do marido. Fiquei muito impactada com algo que ela escreveu:

> A dor causada por esta perda é diferente. O sofrimento não pode ser medido em distâncias. Ele vem em ondas, como num acesso, um ataque, em súbitas apreensões que enfraquecem os joelhos, cegam os olhos e transtornam o cotidiano da vida da gente.

Amanhã é dia 14, e todo dia 14, de qualquer mês, é gatilho para mim. Ele desorganiza meu cotidiano, como a Joan diz. Mas, ao contrário do que ela fala, que luto não é medido em tempo, os dias 14 são mais uma volta no calendário para mim, mais uma rodada de tempo que afasta você

13 de janeiro de 2019

de mim. Ainda que a saudade não diminua na mesma proporção.

Joan está certa: o impulso de perguntar algo a quem morreu não termina com a morte, o que acaba é a possibilidade de resposta.

Pensei em Mariah, que vive dizendo que sente saudade da Dinda. Diz que queria passear no shopping, comprar suco, brincar na praia e tomar banho de mangueira com você. Minha garganta arde de vontade de chorar.

Eu tento segurar, mas meus olhos denunciam. Ela me consola, diz que você virou estrelinha e agora cuida da gente. Esse é o meu pensamento mágico.

3 de março de 2019

Vila Isabel

No fim, não rolou de desfilar na Mangueira. Por quê? Não sabemos. Não fomos convidados, nem eu, nem sua filha, nem seus pais. Foi um descaso com a nossa família. Não só deles, mas de muita gente próxima que estava lá e não reivindicou nossa presença.

Mas saímos pela Vila Isabel, no desfile do Grupo Especial, na Sapucaí. Clark, André e Victor, meus amigos e membros da Vila, nos trataram com muito carinho.

O enredo era "Em nome do pai, do filho e dos santos – a Vila canta a cidade de Pedro". Fomos no último carro, que falava da crueldade da escravidão, e representamos a emancipação do povo negro.

Aqui em casa todo mundo fica muito triste ao ver um bando de gente surfando no seu nome sem ter te conhecido, sem pedir nossa autorização ou, ao menos, ter a postura ética de avisar que falarão

3 de março de 2019

de você. Parece que estão tentando, mais uma vez, apagar uma família negra.

A mãe sempre diz que saímos da "árvore" dela, que ela fez frutos fortes que não negam as raízes. Nossa família nunca deixou a gente se esquecer de nossas raízes negras.

"O amor é uma ação, nunca simplesmente um sentimento",[35] bell hooks escreveu.

Meu amor será ação. Não apagarão sua família preta, Mari. Te prometo.

8 de março de 2019

Não serei interrompida

Me lembro de todas as manifestações do Dia das Mulheres a que fomos juntas.

No ano em que você foi eleita, já quase sem tempo para nada, você levou uma rosa para a nossa mãe, deu um abraço apertado nela, disse que em casa "só tinha calcinha" e que o jeito então era ir para a rua. E saiu voada.

Seu último discurso de Dia das Mulheres, já como vereadora, em 2017, se tornou uma fala histórica, Mari. Lembro que enquanto você falava, alguém defendeu a ditadura na tribuna da Câmara e você tascou um: "Não serei interrompida".

Sua frase, sua postura e sua altivez ficaram famosas.

Conheço bem esse discurso porque ajudei a escrevê-lo. "O que é ser mulher? O que cada uma de nós já deixou de fazer ou fez com algum nível de dificuldade por causa da identidade de gênero, pelo fato de ser mulher?", até hoje me lembro de como ele começa.

8 de março de 2019

Você, sim, sabia bem o que é ser mulher no Brasil.

Desde pequenininha, cuidava de mim para os nossos pais trabalharem. Eles contam que um dia chegaram muito tarde em casa e tiveram que ouvir: "Vocês me deixaram esse tempo todo aqui com essa pentelha!".

Quando adolescente, foi estagiária do Colégio Luso-Carioca e pagava a mensalidade da escola de nós duas com o salário. Era você quem me levava e buscava na escola e ia às reuniões de pais no lugar da nossa mãe. Até hoje me lembro do cheiro do ônibus que a gente pegava para ir ao Conjunto Esperança, na Maré.

Era uma menina cuidando de outra. Mas, para mim, você era a Mulher-Maravilha. Principalmente quando a gente tinha que se proteger de tiroteio na favela. Você me abraçava assim que ouvia os tiros, como se fosse meu escudo.

Mas você engravidou, entrando para as estatísticas das muitas meninas faveladas que se tornam mães ainda adolescentes.[36] Seríamos cinco em casa, e nosso trabalho dobraria. Lembro que você teve que abandonar o cursinho pré--vestibular quando a Luyara nasceu, porque ela tinha um pai ausente. Trabalhou em creche para sustentá-la e confrontou o pai que não comparecia com as obrigações. Deu queixa e se separou quando foi agredida.

Como diz Sueli Carneiro, "ser mulher negra é experimentar essa condição de asfixia social".

8 de março de 2019

    Mas você superou as dificuldades e, com ajuda dos nossos pais pra criar a Luyara, passou na Pontifícia Universidade Católica do Rio de Janeiro (PUC-Rio). Conseguiu bolsa integral e se formou em Ciências Sociais. Me lembro de você voltando das aulas e contando o que havia aprendido e as diferenças tão gritantes que havia entre a Maré e a Gávea.

    Me lembro, como se fosse ontem, da gente fazendo campanha na Maré para Marcelo Freixo em 2006. Quem imaginaria, quando apresentei vocês, anos antes, no ensino médio, que aquele encontro te colocaria na política?

    Você foi a quinta vereadora mais votada do Rio e apresentou leis de quem sabe na pele o que é ser mulher, trabalhadora e mãe com tripla jornada com direito à creche e à cidade negado.

    Os números são cabalísticos: treze meses de mandato e treze projetos que combatiam o assédio contra as mulheres no transporte público, exigiam atendimento humanizado nos casos de aborto legal e pleiteavam creches noturnas.

    A vivência que você levou para a sua política era única e inovadora. Nunca imaginaríamos que você teria o destino de tantas outras mulheres, que foram violentadas por serem fortes, donas do próprio nariz e por não aceitarem o destino que lhes impuseram. Tentaram te interromper, mas você nunca será interrompida.

    Sua voz virou símbolo da mulher na política, virou inspiração e é parte da história.

13 de março de 2019

A prisão

Ontem, acordei às cinco da manhã com um telefonema de Letícia Petriz, promotora do Ministério Público. Ela queria avisar à nossa família que tinham prendido dois suspeitos do seu atentado.

Ela mandou as fotos deles. Foi uma sensação muito estranha ver a cara dos homens que atiraram contra você. Agora eles têm cara e nome: Ronnie Lessa e Élcio Queiroz. Dois ex-PMs.

Não é motivo de comemoração, mas pensei, por alguns segundos, que talvez alguma justiça estivesse próxima. Mas foi apenas um gosto. Até agora ninguém da polícia ou da Justiça jamais nos procurou.

Me sinto sempre no escuro. Até a próxima notícia horrível.

14 de março de 2019

Um ano

Marielle, filha de Iansã, de Nossa Senhora Aparecida e de dona Marinete.
    Hoje faz um ano que você foi embora.
    Que saudade doída eu sinto, minha irmã.
    Estou lembrando do dia das eleições. Você chegou à casa de nossos pais, comeu muito no almoço, como sempre fazia, e dormiu. Estava exausta da campanha. Pediu para a gente acordá-la às seis da tarde, quando as urnas já deviam dar a temperatura da apuração. Muito antes disso, seu telefone começou a tocar, tocar, tocar…
    Você atendeu e soube que já tinha mais de 10 mil votos! Não me esqueço de você parada, olhando para a tela do celular, incrédula, por uns dez minutos. Ainda deitada, virou para mim e perguntou se tudo aquilo estava de fato acontecendo.
    Hoje a minha cabeça está um turbilhão, Mari. Não consigo parar de reviver nossos momentos juntas. O funk, a catequese, a mãe chamando

14 de março de 2019

para o almoço, tantos Carnavais, e nossos gritos de felicidade quando você ganhou a eleição.

Meu Deus, aquela praça na Lapa cheia de pretas, sapatões, trans, faveladas, todo mundo celebrando o seu mandato. Foi uma festa linda, estávamos felizes demais. Você esperava ter 6 mil votos e teve 46 mil, cara!

Mari, está rolando uma coisa muito louca. Às vezes, eu me olho no espelho e vejo o seu sorriso, o seu cabelo... Sei que também são meus, são de sangue, são da nossa família. Eu me vejo cada vez mais parecida com você. Desde que você se foi, precisei me impor, entender meu cabelo, meu nariz, meu corpo.

Cheguei a pensar em entrar na política, mas não dou conta de representar você, de seguir seu sonho. Mas tínhamos um monte de outros sonhos juntas, né?

Inventamos de estudar e de fazer mestrado. Pronto, fomos lá e fizemos. Botar de pé os projetos que tínhamos me dá um alento na alma. E queria te contar uma coisa: vou fazer doutorado! Por nós duas. Eu sei que vou dar conta disso, porque sinto você comigo.

Eu sou porque nós somos.

1º de abril de 2019

Você está em Paris

Hoje recebemos a notícia de que o Conselho Municipal de Paris aprovou uma moção da prefeita Anne Hidalgo para dar seu nome a uma rua, praça ou passagem pública parisiense.

Já tem rua com seu nome em Colônia, na Alemanha.

Desenharam murais com seu rosto em Milão, na Itália.

Mês passado, fizeram manifestações lembrando você na Suíça, em Portugal, no Canadá, na Espanha, na Inglaterra, nos Estados Unidos e em tudo quanto é cantinho da América Latina.

Você chegou a lugares que sempre sonhamos em conhecer.

21 de abril de 2019

Páscoa

Nem lembro como foi a Páscoa do ano passado. Aqueles dias foram tão turvos, sobrepostos, vertiginosos que, hoje, Domingo de Páscoa, parece que você só se atrasou e não conseguiu chegar a tempo para o almoço.

    Fiquei tentando animar os nossos pais e Luyara, mas desabei quando uma amiga telefonou e, sei lá por qual motivo, fizemos uma conta idiota e chegamos à quantidade de dias sem você. Mas eu não costumo contar os dias sem você! Pelo contrário, às vezes, pego o telefone e penso: *Aquela viada não me ligou hoje.*

    O dia está acabando e está muito puxado. Vou rezar. Tentar me conectar com a vó Filomena, com você e com nossa ancestralidade me dá força.

    Olha que poema lindo da Maya Angelou:[37]

[...] Da favela, da humilhação imposta pela cor
Eu me levanto
De um passado enraizado na dor

21 de abril de 2019

Eu me levanto
Sou um oceano negro, profundo na fé,
Crescendo e expandindo-se como a maré.
Deixando para trás noites de terror e atrocidade
Eu me levanto
Em direção a um novo dia de intensa claridade
Eu me levanto
Trazendo comigo o dom de meus antepassados,
Eu carrego o sonho e a esperança do homem
    escravizado.
E assim, eu me levanto
Eu me levanto
Eu me levanto.

28 de abril de 2019

Lacrada

Começou a rolar um jogo de apropriação em cima da sua morte, uma mina preta.

Para desespero de quem achava que eu também seria um fantoche nesse sistema doente, não me curvei. Mas ainda é difícil não me ressentir contra quem anda por aí "lacrando" usando a sua imagem.

Hoje o estilista Ronaldo Fraga me ligou. Repercutiu muito mal um desfile dele, porque em uma das peças, uma camisa branca, aparecia seu rosto marcado com tiro e sangue.

Ele pediu desculpas, disse que a peça vai ser enviada aos nossos pais e que não será comercializada. Eu entendi a mensagem que ele quis passar com aquela imagem, mas foi muito duro. De todo modo, na ligação, ele foi sensato e eu me senti reconfortada.

Entendo que você representa algo muito maior hoje, mas, na prática, é difícil não se irritar com o uso que fazem da sua imagem. Parece que não veem que por trás do símbolo que você se tornou existe uma família despedaçada.

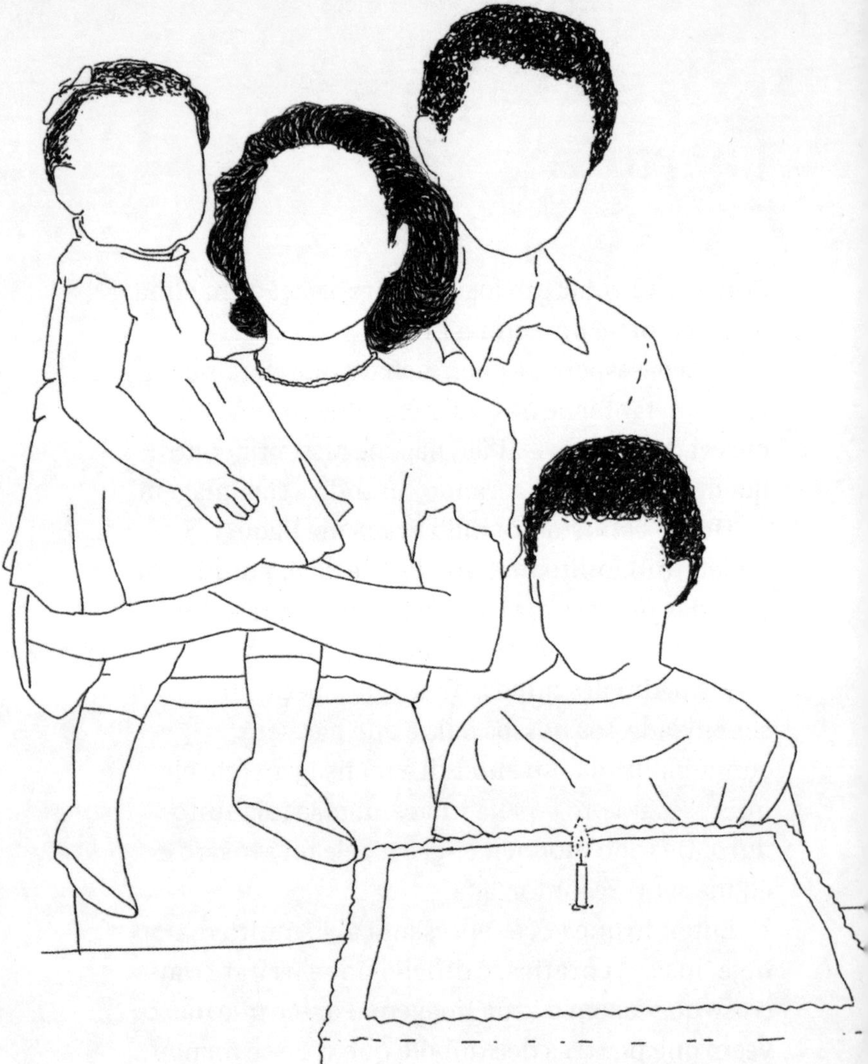

Maio de 2019

Meu presente: você presente

Decidi voltar a comemorar meu aniversário. Você sabe que eu amo um aniversário. Quantas vezes te liguei para avisar do mesversário de Mariah e você brigava: "Porra, esse dia eu não posso!". Só para aparecer na data marcada com um sorrisão no rosto e presente na mão. Chegava atrasada e ainda comia tudo!

    Fiz a festa no salãozinho do prédio de Del Castilho, para onde eu me mudei com o Fred, o amor da minha vida, com quem você, infelizmente, só falou uma vez, naquela chamada de vídeo dias antes de te levarem de mim.

    Joguei o convite em alguns grupos do WhatsApp e apareceu um montão de gente. O povo da família, o pessoal da Maré e a galera do vôlei.

    Dançamos muito! E eu bebi demais! Não resisti às caipirinhas e ao *sex on the beach*.

Maio de 2019

Uma hora, subi para colocar a Mariah para dormir e o Fred ficou na festa. Cochilei e sonhei que você estava gritando, na entrada do condomínio: "Aí, caralho, cheguei!". Atrasada e com um presente em mão. No sonho, fiquei muito aliviada porque pensei: *Ela está viva!*

A campainha começou a tocar. Era o Fred, ele tinha esquecido as chaves, e eu acordei num pulo para abrir a porta. Fiquei meio zonza, tentei levantar e, Mari... quando olhei para o sofá, você estava lá. Com a mesma roupa do sonho, sentada no meu sofá vermelho, sorrindo, com uma perna dobrada, o tornozelo direito apoiado no joelho esquerdo.

Você não disse nada, não moveu a boca, mas o seu sorriso falava: "Agora tu ficou feliz, né? Estou aqui!".

Caralho, Mari, você estava aqui.

Junho de 2019

Funk e fé

Achei uma foto do aniversário de 1 ano de Mariah. Lembra aquele animador da festa? Que figura. Ele pediu para eu mostrar "a mulher mais braba do funk" e adivinha para quem eu apontei? O cara falou pra você dançar e você mandou ver. Pô, se você foi até Garota Furacão 2000, não ia dançar na festa da afilhada? A galera enlouqueceu, foi aquela gritaria, todo mundo rindo e te achando gata.
    A gente aprontou muito, né? No fim de semana, saíamos de carro tocando funk altão. Mas quando o horário da saída batia com o horário que mainha queria que a gente rezasse o terço, tinha que parar tudo. A gente obedecia, né? Primeiro reza o terço, depois dança o funk, hahaha.
    E quando você dizia que ia à missa e fugia para o baile? Mainha descobria e ia atrás que nem uma louca! Era esporro até o domingo seguinte. Não dava para escapar de dona Marinete. Mesmo no castigo, três da tarde e oito da noite, terço!

Lute como Mariello Franco.

Julho de 2019

Angela Davis

Eu sou Angela Davis.[38] E eu sou Gina Dent.[39] No aniversário de Marielle Franco, a gente reafirma o nosso compromisso com as causas que ela defendia.

Começa assim o vídeo que Angela Davis postou no dia do seu aniversário. Do seu aniversário, viada! Tive um encontro com ela, por causa de você, e, nossa, ela tem um cabelão lindo, é tão simpática, sorridente...
"Marielle continua sendo uma inspiração constante, nos ajudando a passar por esse momento crítico com força e coragem. E, neste dia, nós honramos seu legado, sua família e o Instituto Marielle Franco, que está dando continuidade ao seu trabalho. A luta continua!", ela conclui no vídeo.
Para você que lia, citava, amava e morria de vontade de conhecer Angela Davis: ela sabe quem

Julho de 2019

é você, conhece as suas lutas, chora por você e pede justiça por você.

    Feliz 40 anos, minha irmã!

19 de outubro de 2019

O jogo que a gente não jogou

Quando eu estava falando com Angela Davis, me lembrei de uma das nossas últimas conversas. Você me contou que tinha voltado para as aulas de inglês e a gente deu muita risada.

"Que bom que você fala a porra dessa língua", você disse, "porque eu nunca aprendi essa merda." Eu aprendi a falar inglês porque pude contar com você.

Cresci com vontade de ser jogadora de vôlei. Comecei a treinar com 8 anos. Com 16, ganhei a bolsa para estudar nos Estados Unidos e ser atleta da faculdade. Você e a mãe tiveram que trabalhar dobrado para me ajudar a viver fora do país. Além dos turnos da semana, no sábado e no domingo vendiam coisas na Maré, na feira, para que eu pudesse falar inglês.

Quando eu estava nos Estados Unidos e pensava em voltar para o Brasil, porque era difícil

19 de outubro de 2019

viver sozinha em outro país, sofrer racismo e não ter você me defendendo, eu te ligava. E você me proibia de desistir.

Não desisti, terminei a faculdade, voltei, e tínhamos planos de fazer coisas lindas juntas.

12 de dezembro de 2019

Garota do clipe

Viada, hoje saiu o clipe da Cleo Pires com a Pocah de que eu participei! Bafo! Ele fala da caça às mulheres na Inquisição e da tentativa, ainda hoje, de nos calar.

É muito louco, no meio desse turbilhão, participar de um negócio desse, com mulheres lindas, ser maquiada, penteada e me achar linda também. Até outro dia, ouvíamos que nosso rosto era bonito, mas que nosso cabelo não.

Lembra que a gente ganhou bombril de inimigo oculto? Que fomos proibidas, as duas, de ser a noiva da festa junina porque disseram que o véu não ia ficar direito no nosso cabelo?!

Você me protegeu de muita coisa. Mas outras vezes, infelizmente, o sofrimento foi inevitável. Eu era a única menina da escola que cruzava o túnel da Zona Norte para a Zona Sul e que usava creme de pentear no cabelo.

Passei por relaxamento, simpatia e um monte de sacrifícios até encarar a transição capilar

12 de dezembro de 2019

e entender que podia ter o cabelo que quisesse. Sua Luy passou pelo mesmo processo. bell hooks falou sobre isso:

Honrar a nós mesmas, amar nosso corpo, é uma fase avançada na construção de uma autoestima saudável.

Mariah, se Deus quiser, vai viver num mundo melhor. Tomara que ela tenha orgulho de nós. Eu estou orgulhosa de mim.

Dezembro de 2019

Três filhas

Hoje é o aniversário da Luyara, capricorniana, que nasceu no meio da nossa ceia de Natal de 1998.

Ela tem sofrido demais, mas está se fortalecendo a cada dia e virando um mulherão. Eu sinto, Mari, que ela é minha filha também.

Mari, vem mais menina por aí. Vou ter outra filha, estou grávida, do Fred. Lamento tanto que vocês só tenham conversado uma vez, naquela chamada de vídeo, quando combinamos de nos encontrar no fim da semana seguinte, o que nunca aconteceu.

Tenho certeza de que vocês iam se amar. Ele me deu muita força para superar sua partida. Eu encontrei nele outro amor e formei a família que sempre mereci. Mas queria muito que você estivesse aqui com a gente.

Pelas contas, minha filha vai nascer perto do seu aniversário.

Será que ela vai ser uma leonina que gosta de aparecer, que nem você?

Janeiro de 2020

A raiva como motor

Tem sido emocionante ver crescer o Instituto que fundamos com o seu nome. Sob o guarda-chuva do Instituto Marielle Franco, há um bocado de projetos nascendo. Um deles, a Casa Marielle Franco, se tudo der certo, vai ser um centro cultural, com exposições e programação cultural e política.

    O Instituto foi criado para colocar em prática nossa energia, dor, saudade e vontade de vencer. Nasceu da dor, mas renasce no amor e no suporte de vários apoiadores e apoiadoras ao redor do mundo.

    É quase inacreditável que tenhamos conseguido fazer tanta coisa em seu nome. Foram muitas as portas fechadas para essa família negra "barraqueira e raivosa", como ouvi dizerem sobre nós, na minha primeira fala pública, um mês depois que você tinha morrido.

    Até somos bravas. Pelo menos, uma boa parte das mulheres pretas do meu convívio é brava.

Bravas, pela raiva de viverem anos e anos de injustiças. Bravas, porque são cheias de atitudes para revolucionar a coletividade.

"Minha raiva de mulher negra é um lago de lava que está no meu cerne, o segredo que guardei de modo mais intenso. [...] Como adestrar essa raiva com precisão, em vez de negá-la, tem sido uma das tarefas mais importantes de minha vida", escreveu Audre Lorde.

Essa raiva, para mim, tem sido o motor, o combustível, o que me move, o que pulsa dentro de minha alma e se alia a objetivos concretos.

Ser mulher negra é lidar com o fardo da raiva. Ser "a família da Marielle" é lidar não só com a nossa raiva, mas com o ódio e os oportunismos que envolvem sua imagem.

Neste ano, no dia do seu aniversário, 27 de julho, a gente comemora um ano do Instituto. Continuamos querendo inspirar, conectar e potencializar mulheres negras, LGBTQIAP+ e periféricas a seguirem movendo as estruturas da sociedade, lutando por um mundo mais igualitário.

Com ele, saímos do choro pra luta. Do luto pra luta. Saímos do ventre preto pra alcançar nada menos do que merecemos, o nosso Orí, que, na filosofia africana iorubá, significa o nosso destino.

Fevereiro de 2020

Saudade de um glitter

Você não tem ideia da saudade que eu sinto de pular Carnaval contigo.

Me lembrei de quando Mariah só tinha um mês e você chegou lá em casa cheia de glitter, toda feliz, querendo pegar a garota no colo. Eu falei: "Ah, mas não vai mesmo!". E você agarrou a menina mesmo assim. Ela ficou toda colorida e deu um trabalhão pra limpar.

Guardo no coração todos os nossos Carnavais. Teve o Se Benze Que Dá, que você fundou com amigos na Maré e que te homenageou no ano passado. Teve aquele monte que a gente brincou no centro da cidade, e teve também o Carnaval de Luta, em que ficamos distribuindo adesivos da campanha "Não é não", contra o assédio.

Esse ano você vai sair gigantesca na festa. A Tom Maior está planejando levar para a avenida um carro alegórico com uma escultura enorme sua.

Você aparecerá rompendo uma mordaça. Para mostrar que não conseguiram te calar.

14 de março de 2020

Um mar de revolta

Me sinto num labirinto. Estou fazendo o que dou conta, mas está difícil demais.

Já são dois anos sem respostas. Dois anos e a polícia ainda não descobriu quem mandou te assassinar. Vejo a corrupção corroendo todas as instituições. A milícia chegando a lugares de poder cada vez mais altos. Mais gente atacando sua memória, seu caráter. E fico em chamas.

Mas isso não me paralisa. Quanto mais revolta me dá, mais eu quero fazer. E eu não estou sozinha. No começo do mês, inauguramos a Casa Marielle Franco e 7 mil pessoas foram te prestigiar.

A casa fica a quinhentos metros do Cais do Valongo, onde 1 milhão de africanos escravizados foram desembarcados, "o maior porto escravagista da história da humanidade", como disse Milton Guran.[40] É muito simbólico que a gente esteja ali.

14 de março de 2020

Olha que dolorido este trecho de um poema da Conceição Evaristo:

Do negror de meus oceanos
a dor submerge revisitada
esfolando-me a pele
que se alevanta em sóis
e luas marcantes de um
tempo que aqui está.[41]

23 de abril de 2020

Salve, Jorge!

Dia 23 de abril é dia de ir à igreja de São Jorge.

A gente ia juntas a todas as alvoradas, às cinco da manhã, quando começavam as homenagens ao nosso santo guerreiro.

Lembra nossa alvorada de 2015? Foi um dos anos mais difíceis da minha vida. Ano de gravidez e muita turbulência. E a de 2016, quando estávamos as duas com o casamento acabando e levamos Mariah, com apenas 3 meses, pra igreja, num calor danado?

2016 foi um ano muito foda. Curtimos muito juntas. Parecia que estávamos em um *remember* da adolescência. Foi forte, foi bom. Ficamos ainda mais unidas.

Hoje eu não pude ir. Estamos no meio da pandemia e Eloah é muito pequenininha. Mas me levantei como se eu fosse à alvorada contigo. Coloquei meu turbante vermelho, minha blusa de São Jorge, assisti à festa pela internet bem cedinho e fiquei ouvindo os fogos da janela de casa!

23 de abril de 2020

    Estava acompanhada de um vento forte.
Minha alma estava em paz, as lágrimas desceram, a saudade me invadiu, e uma estrela lá em cima me olhava bem brilhante.
    Eu senti você ali comigo.
    Salve, Jorge! Salve, meu Jorge Guerreiro!

Maio de 2020

Quantos mais?

> Mais um homicídio de um jovem que pode estar entrando para a conta da PM. Matheus Melo estava saindo da igreja. Quantos mais vão precisar morrer para que essa guerra acabe?[42]

Esse foi seu último tweet, publicado no dia 13 de março de 2018, mas que pode ser escrito todo dia.

Hoje, quem morreu foi João Pedro, um menino de 14 anos, assassinado com uma bala de fuzil durante uma operação policial no Complexo do Salgueiro. Ele estava na casa dos tios brincando com os primos.

Todo dia nos matam um pouco.

Nos Estados Unidos, um policial branco matou um homem negro sufocado, pressionando os joelhos sobre o pescoço dele. George Floyd dizia "*I can't breathe*" enquanto era torturado.

Houve protestos no mundo todo. Numa das imagens das manifestações, vi uma foto sua. E seu tuíte ecoou na minha cabeça: "Quantos mais vão precisar morrer para que essa guerra acabe?".

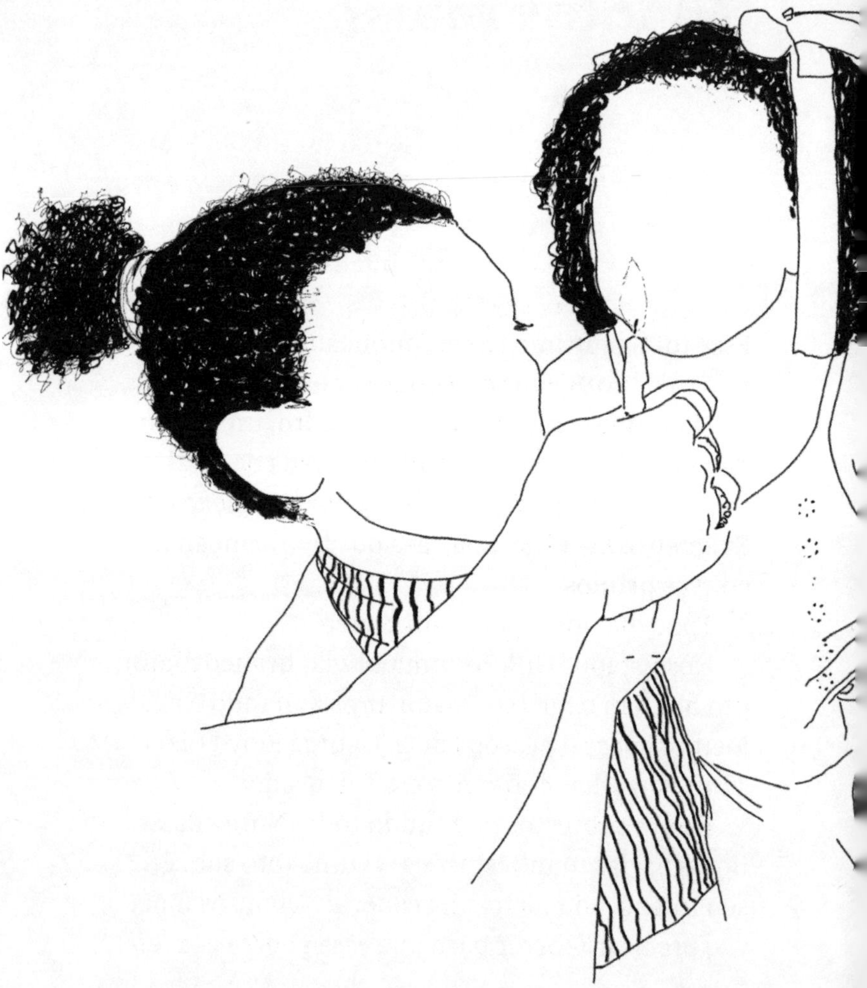

Maio de 2020

Saudade da gente

Hoje completo mais uma volta ao redor da Terra. Estou pensando em você.

    Sinto falta de ir à missa com nossos pais e morrer de vergonha de guardar lugar para você e você *sempre* chegar atrasada.

    Sinto falta de brigar pelo último pedaço de pudim e de tirar um cochilo no chão, depois do almoço, ouvindo você, a mãe e o pai fofocarem.

    Sinto falta de ter minha irmã mais velha fazendo carinho no meu cabelo quando sabe que estou cansada.

    Sinto sua falta.

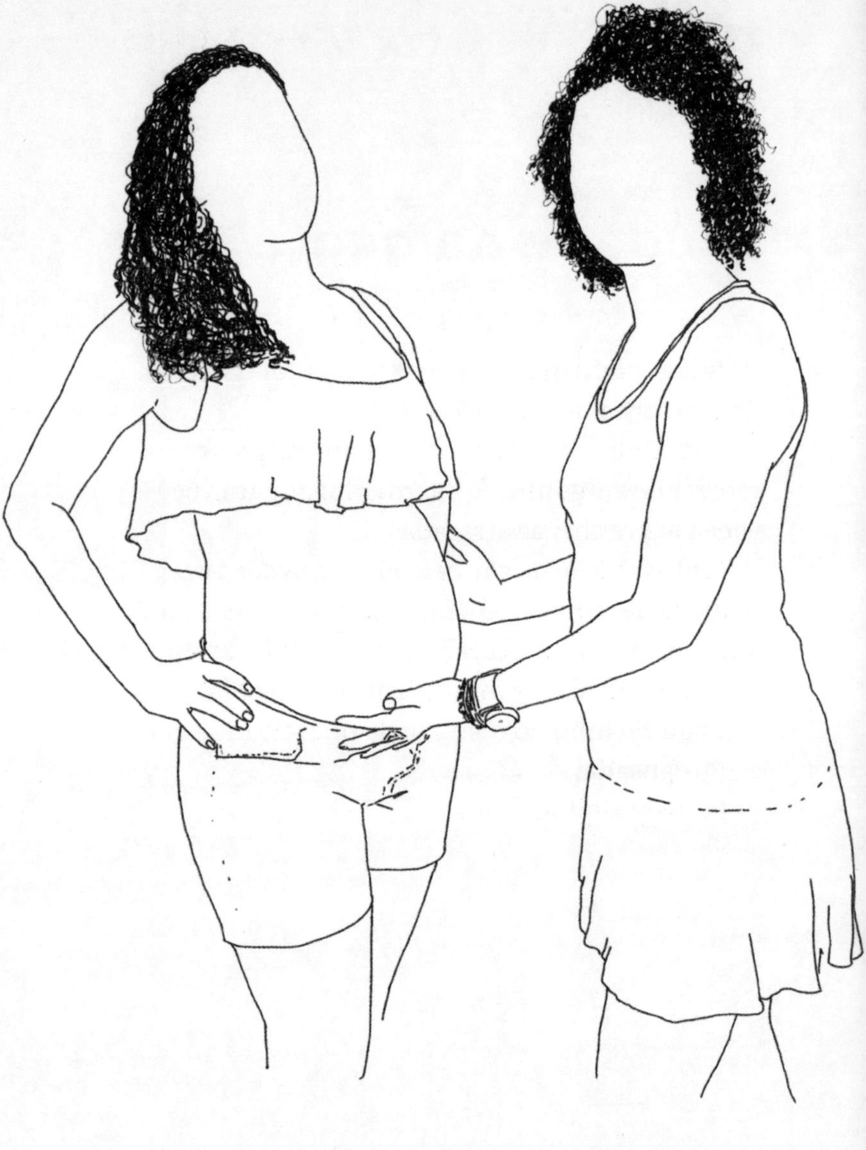

17 de julho de 2020

Eloah, sua sobrinha

Morri de medo de ir para a sala de parto sem você. De novo, como aconteceu quando Mariah nasceu, eu achei que fosse morrer. Precisava ter sua mão segurando a minha. E acho mesmo que você estava ali, segurando-a. Foi um parto natural e muito rápido.

Entrei na sala à meia-noite e quarenta e, faltando nove minutos para as três da manhã, Eloah nasceu. Chegou ao mundo rodeada de profissionais, todas mulheres. Por pouco ela não nasce leonina, como você.

A maternidade não é fácil. Eu vi a luta da nossa mãe para nos criar, a sua luta com Luyara e a minha com Mariah, quando fui "mãe casada, mas solo". Nunca vou esquecer quando ouvi do pai dela que ele tinha me traído porque "fui ser mãe e esqueci de ser mulher". Ainda assim, não me arrependi de ser mãe.

Hoje, tenho certeza de que encontrar o Fred foi uma benção e escolher ter essa filha com ele foi

17 de julho de 2020

um acerto. Só com minhas filhas eu volto a ver a nossa mãe sorrir bem grandão, como ela sorria antes de te perder. O futuro está apenas (re)começando por aqui.

Outubro de 2020

Sementes

Hoje, se você estivesse viva, comemoraríamos quatro anos de sua eleição, o primeiro cargo de muitos dos que ainda viriam, tenho certeza.

Hoje tem eleição municipal e tenho certeza de que veremos uma primavera de Marielles. No Instituto, lançamos a Agenda Marielle Franco para ajudar e tornar públicas candidaturas de mulheres que têm as mesmas pautas que você – antirracistas, feministas e ligadas ao universo LGBTQIAP+. Setecentas e sessenta candidatas assinaram.

Pensei em me candidatar para me vingar do que fizeram contigo. Mas entendi que você é maior do que um mandato, maior do que um partido. Criar a agenda para somar mulheres do país inteiro foi, no fim, uma ideia muito melhor.

Ano que vem eu quero fazer outro projeto: colocar a Escola Marielle Franco de pé para jovens pretas e faveladas conhecerem Angela

Outubro de 2020

Davis, Sueli Carneiro, Conceição Evaristo, Lélia Gonzalez e tantas outras de nossas intelectuais.

Quero apresentá-las à poesia de Maya Angelou e Audre Lorde. Quero apresentá-las ao mundo, Mari.

Novembro de 2020

Taís Araújo

Lembra que no começo do mandato você ficava marcando a Taís Araújo no Twitter pra ver se ela compartilhava suas postagens? Só imagino sua cara se visse hoje a própria te interpretando na Globo, no Dia da Consciência Negra, num especial chamado Falas Negras.

Quando foi convidada para esse papel, ela ligou e avisou a mim e à mãe. Ficamos muito tocadas com essa delicadeza, já que a grande maioria das produções que fazem sobre você só chega à nossa família quando estão em fase de conclusão, e não temos o direito de opinar. Não foi o caso da Taís, que demonstrou empatia e respeito enormes.

Esses dias, ela falou o seguinte sobre ter interpretado você para o jornal O Globo:

Eu senti vontade de ter conhecido mais a Marielle. Me deu esse desejo de falar: "Meu Deus, por que eu não sabia tão mais dela antes da execução?". Acho que todos os brasileiros

Novembro de 2020

mereciam conhecê-la mais. Ela tinha tanto a dizer e tanto a fazer.

    Fiquei toda arrepiada assistindo ao especial. Queria trazer a Taís aqui para casa, toda caracterizada, só por uns dias, para matar a saudade de você.

15 de dezembro de 2020

Antonio Francisco

Toinho, nosso pai, com quase 70 anos, ficou internado no CTI por causa da covid-19. Foi um desespero, Mari.

Nosso Toinho, Chiquinho, Francisco, seu Chico, Papito, sr. Antonio, cria da Maré, malandro da baixa do sapateiro, jogador de bolinha de gude, craque em soltar pipa, lateral direito do time da favela, passou por maus bocados.

Mas nosso amado tricolor, pai de duas filhas flamenguistas, se manteve inteirão para voltar para casa e viver ao lado de um monte de mulher brava.

Hoje ele recebeu alta. Ele é forte, mas sei que você tem nos protegido.

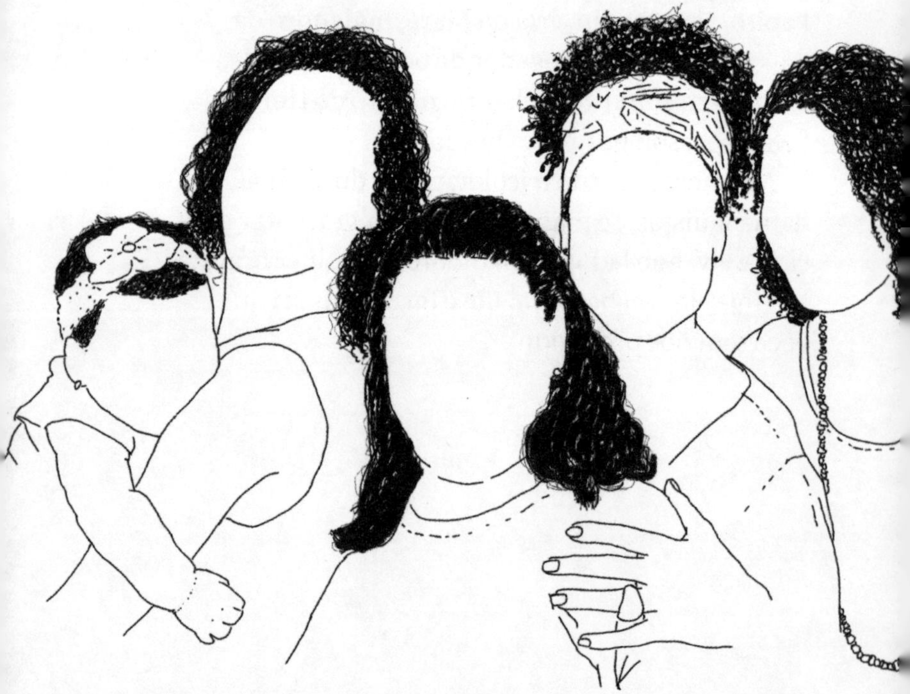

Junho de 2021

Escrevivências

Tenho escrito cada vez menos. Acho que dá para perceber olhando os primeiros dias deste diário e o que tenho feito por agora. Mas quando me sento e começo a batucar de novo no computador, me lembro de como isso alivia um pouco a dor.

Escrever sempre me ajudou a matar a saudade.

Esses dias achei umas cartas que escrevíamos uma para a outra quando eu morava nos Estados Unidos. Foram doze anos de correspondências! Eu ficava sozinha lá, então te contava em cartas semanais o meu cotidiano; falava que tinha ganhado tal campeonato, falava dos meninos da faculdade, mandava foto, contava das violências que eu sofria.

Começamos a escrever poemas e músicas juntas. Depois veio sua candidatura em 2016 e foi um pulo até começarmos a redigir seus discursos a quatro mãos. Ter me formado em jornalismo ajudava muito.

Junho de 2021

Hoje, as escrevivências, como definiu Conceição Evaristo,[43] legitimam minhas dores, e não só as que me cortam, mas também as que me abarcam.

"Por que sou levada a escrever?", pergunta Gloria Anzaldúa.

> Porque a escrita me salva da complacência que me amedronta. Porque não tenho escolha. Porque devo manter vivo o espírito de minha revolta e a mim mesma também. Porque o mundo que crio na escrita compensa o que o mundo real não me dá.[44]

Talvez seja por isso que a escrita é tão presente lá em casa, todo mundo sempre gostou de escrever. Tenho na memória nossa mãe enviando cartas e mais cartas para a gente quando ia trabalhar em outros estados. Tenho a lembrança de nosso pai escrevendo a fala dele no almoço de domingo, e ele deixava toda a família atenta, ouvindo o que ele dizia; mas me lembro, principalmente, de você, anotando em milhões de agendas tudo que ouvia e aprendia nas reuniões de que participava.

Nesses anos sem você, manter este diário foi muito importante. Ter uma rotina da escrita e da memória. Depois que te assassinaram, muitos flashes da nossa relação me vêm à cabeça e eu os coloco no papel.

Eu os escrevo e reescrevo várias vezes.
É como se eu tentasse recriar os momentos que vivemos juntas. E criar os que eu queria que tivéssemos vivido.

Setembro de 2021

Nossa placa luminosa

Inauguraram uma placa em sua homenagem na estação de metrô Rio de Janeiro, em Buenos Aires.
    Você vai ter um espaço permanente na estação. A ideia da placa foi da deputada Maru Bielli,[45] do partido do presidente Alberto Fernández. Ela e o coletivo Passarinho, composto por brasileiros progressistas no país, fizeram a inauguração. Flores amarelas e bandeiras LGBTQIAP+ foram colocadas na estação, e uma cantora interpretou "Se essa rua fosse minha", em espanhol e em português.
    No Rio, também inauguraram uma placa em sua homenagem em frente à Câmara Municipal. É igual àquela que tentaram quebrar e acabou se multiplicando. Está escrito nela: "Mulher negra, favelada, LGBT e defensora dos direitos humanos. Brutalmente assassinada em 14 de março de 2018 por lutar por uma sociedade mais justa".
    Tudo muito bonito e triste.
    No ano que vem você completaria 43 anos. No dia do seu aniversário, vamos lançar a HQ

Setembro de 2021

Marielle Franco – Raízes, uma revistinha para jovens que se interessam por política.

 Ainda estamos na pandemia, mas prometo que, assim que ela passar, voltarei a dar festas no seu aniversário do tamanho que você merece.

 Te amo pra sempre.

Novembro de 2021

Roda Viva

Irmã, fui entrevistada no Roda Viva!
    Várias mulheres incríveis têm sido chamadas lá. Taís Araújo, Zezé Motta, Conceição Evaristo, Jurema Werneck, Erika Hilton, Chimamanda Adichie. Eu estava lá!
    Passei o dia pensando que, se estivesse viva, era você quem estaria no centro da roda. O pai me ligou, quando eu estava chegando no estúdio, para falar a mesma coisa.
    Taís Araújo pediu para a equipe dela me produzir! Ficou um arraso!
    Eu estava nervosa na hora, mas acho que disse tudo o que queria. Falei que estou cansada de celebrar mulheres negras só depois que elas morrem. E que se aprendi algo contigo, é que nós vamos falar mesmo que não queiram nos ouvir.
    Me perguntaram o que a nossa família sentiu quando soube que as promotoras que cuidavam do seu caso saíram das investigações. Eu disse a verdade, que não sabemos quais foram as

interferências, de quem elas partiram. E que as doutoras Simone Sibilio e Letícia Emile eram de nossa confiança.

Ter duas mulheres à frente das investigações, que conversavam com a gente, mexia com nossa família.

Quase chorei quando a Cris Guterres,[46] uma mulher preta e linda como a gente, perguntou sobre as memórias bonitas que eu tenho de você. Ela queria que a gente falasse de vida, e não só de morte.

Contei que minha memória mais viva é o seu sorriso.

15 de dezembro de 2021

Minha amiga bell hooks

Hoje à tarde fui surpreendida com um link, em um grupo de amigas negras, que anunciava a morte da escritora e ativista bell hooks. Não consegui mais trabalhar.

Com a notícia na cabeça, resolvi olhar as marcações dos livros que usei para o mestrado, que defendi no último mês. Numa delas, hooks fala sobre como os relacionamentos afetivos mudam com o tempo. Ela conta de uma amiga que, apesar do tempo e dos conflitos, se manteve em um lugar especial na vida dela.

A força de nossa amizade foi revelada pela nossa disposição de confrontar abertamente a alteração em nossos laços e fazer as mudanças necessárias. Não nos vemos tanto quanto antes, e não telefonamos uma para outra

15 de dezembro de 2021

diariamente, mas os laços positivos que nos unem permanecem intactos.[47]

Muitas das minhas relações com amigas sobreviveram por causa do afeto, mas também por solidariedade. Essas surgiram na dor, depois da sua morte. Por causa da sua morte.
bell hooks foi uma dessas amizades – no caso, platônica. Ela tem sido uma companheira de leitura muito importante. Nos últimos anos, foi bonito demais ver que ela ficou mais popular no Brasil.
Tenho anotada uma passagem do *Teoria feminista: da margem ao centro*,[48] de 1984, em que acho muitas semelhanças no que a gente pensa sobre a amizade feminina.

As mulheres não precisam eliminar suas diferenças para construir vínculos de solidariedade. Não precisamos viver sob a mesma opressão para combatermos a opressão em si [...]. Podemos ser irmãs unidas pelo compartilhamento de interesses e crenças, unidas em nosso apreço pela diversidade, unidas em nossa luta para acabar com a opressão sexista, unidas na solidariedade política.

A solidariedade política de que hooks fala não exclui as diferenças entre brancas e negras, travestis e cisgêneras, bissexuais e lésbicas. Mas tenta dar conta de uma consciência maior, que nós, mulheres, precisamos ter em relação à luta política por justiça social.

25 de dezembro de 2021

Marinetinha e a despedida

Nenhuma de nós, as mulheres de casa, sente a dor da nossa mãe.

Desde aquele dia 14 de março tento acalentar esse coração que sangra diariamente. Tento blindá-la de tanta falta de respeito. Tento proteger Luyara de uma ausência enorme. Tento fazer nosso pai sobreviver ao próprio silêncio. E, ao mesmo tempo, tento me manter sã.

Quando mainha chora, diz:

> Criei minha filha, ninguém nunca arrancou um fio de cabelo dela, lutei foi muito pra dar tudo pra ela, e me tiraram Marielle assim.

Abre um buraco no meu peito. É barra demais. Ela chora, Mariah chora com ela, faz carinho e pede: "Vovó, para de chorar".

25 de dezembro de 2021

 Ela conta para todo mundo da última vez que falou contigo. Na noite anterior ao dia 14, ela foi até a Câmara te ver e todo mundo fez festa. Ofereceram café, lanche e até anunciaram a visita dela no plenário. A mãe, você conhece, se sente orgulhosa e envergonhada nessas situações.

 Ela lembra das recomendações que você deu sobre Luy, de como cuidar para que ela estudasse, lesse mais, se concentrasse para a prova do Enem e cuidasse da conjuntivite que ela estava. Anderson levou vocês em dezenove farmácias até acharem o colírio de que ela precisava, e essa demora em encontrar o remédio certo fez com que vocês passassem mais tempo juntas...

 Na hora de se despedir, vocês deram um abraço apertado. Para ela, foi um encontro-despedida. A despedida possível.

Março de 2022

Boric

Passados quatro anos da sua partida, que coincide com a eleição do atual presidente, parece que chegam ventos novos para limpar o clima modorrento do país.

Fui como convidada especial à posse do presidente Gabriel Boric, no Chile. Ele é a cara da nova esquerda latino-americana, como você era. Vejo muito de você nele: a militância desde jovem, a compreensão de que era importante ocupar a política institucional, o discurso atento à preservação do meio ambiente e o jeito de ser profundamente afetuoso.

A presidenta Dilma também estava na posse como convidada. Lembra quando ela ganhou a eleição e a gente comemorou como se não houvesse amanhã? Você amava dizer que ela estava do lado certo da história.

Cada dia mais, eu sonho com o tempo em que o Brasil vai ter uma presidenta novamente. E negra.

Março de 2022

    Tenho certeza de que, como Boric, você também teria chegado lá.
    Se não tivesse sido interrompida.

14 de março de 2022

Sem respostas

> Sombrio corre o sangue derramado
> No mar-aquém de tanta luta devotado
> Mas o sangue continua rubro a ferver
> Inspirado nos Orixá que nos faz crescer.[49]

Encontrei esse poema do Abdias do Nascimento.[50] Foi escrito em 1982, no livro *Axés do sangue e da esperança*. Em março. No dia 14. Parece até premonitório da sua morte, também num 14 de março, décadas depois.

Ou é só a história do povo preto se repetindo?

Nunca nos deram uma resposta sobre o crime e isso diz muito sobre nosso país, nossa democracia e a falta dela.

Temos lutado por justiça, pedido acesso às investigações. No entanto, as mudanças na condução do caso e provas de interferências externas são constantes.

Há quatro anos que aprendo a ressignificar a dor e a escolher as batalhas que quero enfrentar todos os dias. E acredito que vamos conseguir em algum momento chegar a esses nomes ou a esse nome. Espero ansiosamente por esse dia.

Março de 2022

A dor no peito de mainha

É inevitável pensar que o peito da nossa mãe doeu tanto que um câncer se alojou ali. Receber o diagnóstico atravessou minha alma. Ecoou o dia em que Luyara, ao saber da sua morte e vendo nossa mãe quase se afogar sem ar, gritou que não podia perder vocês duas.

    Descobrimos o câncer num estágio inicial e tivemos acesso a bons tratamentos graças a pessoas que caíram como anjos e resolveram ajudar. Nossa mãe é muito querida.

    Já foram duas cirurgias, e ela segue se recuperando. É uma rocha, mas precisa de muito cuidado.

    Os dias não têm sido fáceis, mas sei que nada se compara aos de tantas mulheres pretas, que mal conseguem sobreviver e cuidar dos filhos, quanto mais se cuidar.

Março de 2022

  Minha mãe sempre diz que Deus só dá o fardo que a gente pode carregar. Por mais que eu repita isso incessantemente, numa tentativa de me consolar por tudo que aconteceu com a gente desde o assassinato, a verdade é que saber que "a gente pode carregar" essa e tantas outras dores não torna nada mais leve.

  Como disse Audre Lorde: "Cuidar de mim mesma não é autoindulgência, é uma autopreservação e isso é um ato de guerra política".[51]

Abril de 2022

Francia Márquez

A Colômbia elegeu seu primeiro governo de esquerda: Gustavo Petro é o novo presidente e Francia Márquez, que eu conheci há alguns dias, é a primeira vice-presidente negra do país.

Defensora do meio ambiente no país em que mais se mata defensores ambientalistas do mundo, ela foi eleita reforçando a frase da filosofia Ubuntu que você também usava: *Eu sou porque nós somos.*

Olho para ela e vejo você.

Mesmo tendo recebido inúmeras ameaças durante a campanha, ela estava ali, radiante, forte, ecoando palavras revolucionárias.

"Já nos tiraram tudo, menos nossa vontade de vencer!", foi a frase que ouvi dela, no encerramento da campanha, no mês passado. Viajei com a comitiva de movimentos negros pela América Latina, e a Colômbia foi uma de nossas paragens.

Me sentei para conversar com Francia, minutos antes de ela subir num palco, e fiquei muito emocionada porque ela falou de você. Disse que ia seguir o seu legado e o de tantas mulheres negras que foram interrompidas pelo caminho.

Ela me chamou para subir com ela. Foi emocionante demais. Ela disse pra todo mundo ouvir que se reconhece na sua história e que você é muito importante para as mulheres negras, especialmente nos países da América Latina.

Segurei a mão da Francia e gritei junto com ela. Senti a energia daquelas pessoas esperançosas pela mudança. Pensei em como seria lindo eleger uma presidenta ou vice-presidenta negra no Brasil.

Sua história, irmã, a inspirou e deu força para ela chegar ali.

Vocês chegaram.

Maio de 2022

Aniversário

Tenho muita saudade de ver seu nome piscando na tela do meu celular à meia-noite. Tenho saudade de atender só pra te ouvir gritar no meu ouvido: "Feliz aniversááááário!!!".
    Sinto falta de quando você chegava cedo para me acordar, trazendo um presente que já tinha comprado pensando em usar mais do que eu. Daí a gente almoçava e você puxava uma oração pouco antes de colocar um funk – e mainha surtar.
    No fim, empanturradas de tanta comida, você comentaria pela milésima vez com a mãe: "Lembra como ela era chata quando pequena?".
    Tenho saudade de quando a gente se espezinhava e eu te chamava de "chatice" também.
    Na roda da vida, você me ensinou que, mesmo que nos neguem espaço, arrombamos. Que, mesmo quando nos abandonam, sacudimos o cabelo, colocamos um belo de um funk e balançamos a raba em direção à felicidade.

Maio de 2022

    A mulher que me pariu e as mulheres que me criaram me ensinaram que ninguém manda na minha felicidade, nos meus objetivos; me ensinaram que ninguém limita o meu voo e que ninguém pode me deter e deter a força que vem das netas de Filomena, das filhas de Marinete.
    Te amo.
    Naninha

Maio de 2022

Não nos deixam respirar

Mais uma vez fiquei sem respirar. A cena de Genivaldo de Jesus Santos, um homem negro, sendo assassinado dentro do porta-malas de uma viatura de polícia, com gás, em Sergipe, foi forte demais.

Enviamos um ofício à Procuradoria da República em Sergipe, por meio do Instituto, pedindo providências urgentes na investigação dessa morte absurda.

Tortura não pode ser protocolo.

Seguimos na sua luta por justiça pelas crianças negras que morrem nessa guerra racista estúpida.

Também seguimos na luta por justiça no seu caso. Mas tem sido tão difícil. As interferências na investigação são diuturnas. Para tentar parar esses absurdos, lançamos o Comitê Justiça por Marielle e Anderson, em parceria com Terra de Direitos, Justiça Global, Coalizão Negra por Direitos e Anistia Internacional.

    Nossa família e a do Anderson não vão deixar que a morte de vocês seja esquecida.

    Sinto falta de você, Mari. Fico trabalhando e pensando, sempre que tenho uma decisão séria para tomar, o que você faria no meu lugar.

    A saudade rasga a alma.

Junho de 2022

Alguém tem que responder

Acordo e me lembro, entre memórias enevoadas e as nuvens do outro lado da janela do avião, da primeira vez que pousei aqui, nos Estados Unidos, quase vinte anos atrás.

Daquela vez, você, a mãe e o pai foram até o aeroporto se despedir de mim. Me lembro de seus olhos cheios d'água, acho que de saudade e orgulho. Agora estou aqui, chorando, no avião, pensando em você. Pensando no absurdo que é você ter ido embora.

Mas sigo em frente. E sigo em frente porque agora voltei a este país que você queria tanto conhecer, mas que não deu tempo. Mas eles, sim, te conheceram! Eles sabem de você. Volto aqui para representar o Instituto Marielle Franco. Vou me encontrar com ativistas para construirmos estratégias para combater as desigualdades no mundo inteiro. Sei que fui chamada pelo meu trabalho, mas esse trabalho tem seu nome, suas ideias, tem você.

Vai doer falar de você aqui. Tem doído demais esse tempo todo.

Desde a hora que eu soube da sua partida, a dor invadiu meu corpo. Uma parte de mim também morreu ali; e para ficar viva, precisei me transformar por dentro e por fora.

Estou de pé, Mari. E quero que respondam: Quem mandou matar Marielle Franco?

Notas

1. HOOKS, b. Vivendo de amor. **Portal Geledés**. São Paulo, 2010. Disponível em: www.geledes.org.br/vivendo-de-amor. Acesso em: 29 ago. 2022.
2. Aclamada intelectual negra, crítica cultural, professora, teórica feminista e escritora, Gloria Jean Watkins era conhecida por seu pseudônimo, bell hooks, o qual adotou em homenagem à sua bisavó, Bell Blair Hooks.
3. FRANCO, M. **UPP** – a redução da favela em três letras: uma análise da política de segurança pública do estado do Rio de Janeiro. São Paulo: n-1 edições, 2018.
4. GRAGNANI, J. Marielle era uma das 32 mulheres negras entre 811 vereadores eleitos em capitais brasileiras. **BBC**, 2018. Disponível em: www.bbc.com/portuguese/brasil-43424088. Acesso em: 29 ago. 2022.
5. Casa das Pretas é um espaço coletivo de mulheres negras na Lapa, no Rio de Janeiro, onde Marielle estava antes de ser assassinada em 14 de março de 2018.
6. Mulher negra, lésbica, poeta, escritora, ativista dos direitos civis, mãe e professora, Audre Lorde foi e é uma pensadora referência nas lutas LGBTQIAP+, feministas e negras.
7. The Uses of Anger: Women Responding to Racism, de 1981. Frase original: *I am not free while any woman is unfree, even when her shackles are very different from my own.*
8. LORDE, A. Minhas palavras estarão lá. In: **Sou sua irmã**: escritos reunidos e inéditos. São Paulo: Ubu, 2020. Tradução: Stephanie Borges.
9. Jornalista, comentarista da CBN Rio de Janeiro e da GloboNews e colunista do O Globo. Podcaster no Angu de Grilo.
10. OLIVEIRA, F. Múltiplos assassinatos num só. **O Globo**. Rio de Janeiro, 2018. Disponível em: oglobo.globo.com/rio/artigo-multiplos-assassinatos-num-so-22492863. Acesso em: 29 ago. 2022.
11. Em tradução livre: Não importa onde você mora ou de onde você vem. Se você vem das favelas ou de partes muito ricas da cidade. Não importa onde você esteja, quem você ama, não importa a cor da sua pele.
12. Em tradução livre: Incondicional, incondicionalmente. Eu te amarei incondicionalmente.

13 Glauco dos Santos foi o primeiro marido de Marielle, pai de sua única filha, Luyara.
14 Marielle engravidou aos 16? Foi casada com o traficante Marcinho VP? Ignorava as mortes de policiais? Não é verdade! **G1**, 2018. Disponível em: https://g1.globo.com/e-ou-nao-e/noticia/marielle-engravidou-aos-16-foi-casada-com-o-traficante-marcinho-vp-ignorava-as-mortes-de-policiais-nao-e-verdade.ghtml. Acesso em: 29 ago. 2022.
15 Gloria Evangelina Anzaldúa, conhecida como Gloria Anzaldúa, foi uma importante escritora, pesquisadora e poeta norte-americana da teoria feminista, teoria queer e teoria cultural chicana.
16 ANZALDÚA, G. Falando em línguas: uma carta para as mulheres escritoras do terceiro mundo. **Estudos Feministas**, Rio de Janeiro. Disponível em: https://files.cercomp.ufg.br/weby/up/16/o/anzaldua.pdf. Acesso em: 29 ago. 2022.
17 HOOKS, b. Perda: amar na vida e na morte. In: **Tudo sobre o amor**. São Paulo: Elefante, 2021.
18 Mestra em Literatura Brasileira pela Pontifícia Universidade Católica do Rio de Janeiro (PUC-Rio) e doutora em Literatura Comparada pela Universidade Federal Fluminense, Conceição Evaristo é autora de obras como *Ponciá Vicêncio* (Malê, 2017), *Insubmissas lágrimas de mulheres* (Malê, 2016), *Olhos d'água* (Pallas, 2014), entre outras obras.
19 Ivanete Silva é professora da rede pública, feminista e LGBT. É militante do Movimento Negro Unificado (MNU) e do Partido Socialismo Liberdade (PSOL).
20 Militante histórica do Movimento Negro Unificado (MNU), médica, comunicóloga e escritora, Jurema Werneck é mestra em Engenharia de Produção e doutora em Comunicação e Cultura. Atualmente, integra o Grupo Assessor da Sociedade Civil da ONU para Mulheres no Brasil, além do Conselho Diretor do Global Fund for Women.
21 Amiga de infância de Marielle.
22 O projeto de Lei nº 16/2017 sugere a criação do Programa de Atenção Humanizada ao Aborto Legal, para garantir uma rede de assistência obstétrica "que preze pelo acolhimento, orientação e atendimento clínico adequado, segundo referenciais éticos, legais e bioéticos, prezando pela saúde da mulher" no município do Rio de Janeiro. Disponível em: mail.camara.rj.gov.br/Apl/Legislativos/scpro1720.nsf/f6d54a9bf09ac233032579de006bfef6/2a88c90e900fa52d832580c800544af5?OpenDocument. Acesso em: 29 ago. 2022.
23 MARIZ, R. Exigências fora da lei dificultam acesso a aborto após estupro, diz pesquisa. **O Globo**, 2015. Disponível em: https://oglobo.globo.com/saude/exigencias-fora-da-lei-dificultam-acesso-aborto-apos-estupro-diz-pesquisa-16666374. Acesso em: 29 ago. 2022.
24 *Ibidem*.

25 CÁSSIA, S.; SOUSA, H. "Aborto é a quarta causa de morte materna no Brasil", afirma pesquisadora. **Brasil de Fato**, 2018. Disponível em: www.brasildefato.com.br/2018/07/31/aborto-e-a-quarta-causa-de-morte-materna-no-brasil-afirma-pesquisadora. Acesso em: 29 ago. 2022.

26 O projeto de Lei nº 72/2017 inclui o Dia da luta contra a homofobia, a lesbofobia, a bifobia e a transfobia no calendário oficial da cidade. Disponível em: http://mail.camara.rj.gov.br/APL/Legislativos/scpro1720.nsf/f6d54a9bf09ac233032579de006bfef6/d91611b0a62b7fc6832580de005bb1f2?OpenDocument. Acesso em: 29 ago. 2022.

27 Projeto de Marielle Franco sobre Dossiê Mulher Carioca vira lei no Rio. **Agência Brasil**, 2018. Disponível em: https://agenciabrasil.ebc.com.br/politica/noticia/2018-09/projeto-de-marielle-franco-sobre-dossie-mulher-carioca-vira-lei-no-rio. Acesso em: 29 ago. 2022.

28 Segundo a ementa, o projeto de Lei nº 417/2017 cria a campanha permanente de conscientização e enfrentamento ao assédio e violência sexual no município do Rio de Janeiro. Disponível em: http://mail.camara.rj.gov.br/APL/Legislativos/scpro1720.nsf/f6d54a9bf09ac233032579de006bfef6/5953ec54f49e95e983258199 0070caed?OpenDocument. Acesso em: 29 ago. 2022.

29 Viúva de Marielle Franco. Mônica Benício é militante dos direitos humanos e ativista LGBTQIAP+. Foi eleita vereadora pela cidade do Rio de Janeiro em 2018.

30 Marielle cursou mestrado em Administração Pública na Universidade Federal Fluminense (UFF).

31 FRANCO, M. op. cit.

32 Sueli Carneiro é filósofa, ativista e uma das principais referências do feminismo negro no Brasil. É fundadora e atual diretora do Instituto da Mulher Negra, o Geledés, além de ser militante histórica do Movimento Negro.

33 Joan Didion foi uma jornalista e escritora norte-americana que ficou conhecida por sua capacidade de revolucionar a escrita jornalística.

34 DIDION, J. **O ano do pensamento mágico**. São Paulo: HarperCollins, 2021.

35 HOOKS, bell. op. cit.

36 Especificamente em relação à gravidez na adolescência, verificou-se uma prevalência de 27,3% de gravidez antes dos 19 anos de idade entre as residentes em favelas, enquanto para as jovens das camadas médias esse percentual foi 16 vezes menor, ficando em 1,7%. Disponível em: https://www.scielo.br/j/rbepop/a/K9szWRX78C4w3gmZtKdKRdg/?lang=pt. Acesso em: 29 ago. 2022.

37 Maya Angelou foi uma importante escritora, cantora, dançarina, poeta e ativista dos direitos humanos norte-americana.

38 Filósofa e ativista norte-americana conhecida por sua luta anticapitalista, antirracista e feminista.
39 Professora associada de Estudos Feministas na University of California, em Santa Cruz, na Califórnia, Estados Unidos.
40 Milton Guran é um antropólogo, fotógrafo e pesquisador brasileiro.
41 EVARISTO, C. Poema Filhos da Rua. In: **Poemas da recordação e outros movimentos**. Belo Horizonte: Nandyala, 2008.
42 FRANCO, M. Disponível em: https://twitter.com/mariellefranco/status/973568966403731456. Acesso em: 29 ago. 2022.
43 Ver nota 18.
44 ANZALDÚA, G. op. cit.
45 Placa em homenagem à Marielle Franco é inaugurada em metrô de Buenos Aires. **Uol**, 14 set. 2021. Disponível em: https://cultura.uol.com.br/noticias/39320_placa-em-homenagem-a-marielle-franco-e-inaugurada-em-metro-de-buenos-aires.html. Acesso em: 28 ago. 2022.
46 Cristiane Guterres é jornalista, apresentadora e palestrante.
47 HOOKS, b. op. cit.
48 HOOKS, b. **Teoria feminista**: da margem ao centro. São Paulo: Perspectiva, 2019.
49 NASCIMENTO, A. do. O sangue e a esperança. In: **Axés do sangue e da esperança**. Rio de Janeiro: Ipeafro, 1982.
50 Abdias do Nascimento foi ator, poeta, escritor, dramaturgo, artista plástico, professor universitário, político e ativista dos direitos civis e humanos. Criador do Teatro Experimental do Negro (TEN) e precursor do conceito de quilombismo.
51 LORDE, A. **A burst of light**. Ithaca: Firebrand Books, 1988. Frase original: *Taking care of myself is not self-indulgence, it's self--preservation and that's an act of political warfare.*

Músicas citadas neste livro

Página 27: **I kissed a girl**. Interpretada por: Katy Perry. Escrita por: Cathy Dennis, Katy Perry, Lukasz Gottwald e Max Martin. Produzida por: Dr. Luke e Benny Blanco. Fonte: Capitol Records e Sony Music Publishing.

Página 28: **Unconditionally**. Interpretada por: Katy Perry. Composta por: Henry Walter, Katy Perry, Lukasz Gottwald e Max Martin. Produzida por: Dr. Luke, Max Martin e Cirkut. Fonte: Capitol Records (CAP) e Kobalt Music Publishing.

Página 57: **História para ninar gente grande**. Samba-enredo interpretado por: Marquinho Art'Samba e Estação Primeira de Mangueira. Composto por: Danilo Firmino, Deivid Domênico, Mama, Marcio Bola, Ronie Oliveira e Tomaz Miranda. Produzido por: Mário Jorge e Bruno Laíla. Fonte: Universal Music Ltda.

Página 59: **Mother**. Interpretada por: Roger Waters. Composta por: Roger Waters. Produzida por: James Guthrie. Fonte: Columbia.

Agradecimentos

Obrigada, meu Deus, Maria, todos os meus anjos e santos, por tudo, hoje e sempre.

Obrigada, minhas mais velhas, por abrirem caminhos e me inspirarem. Obrigada, meus ancestrais, por me guiarem e me iluminarem.

Minha gratidão à mainha, que me ensina a ser como eu sou desde seu ventre de forma única e aguerrida, fazendo com que eu me encha de orgulho todos os dias por ser fruto dessa árvore tão potente. Obrigada, rainha, por nunca ter desistido de mim e ter me ensinado o que é ter fé, a seguir em frente e a nunca baixar a cabeça em momentos difíceis. Obrigada por ter dedicado toda a sua vida a nós e por tudo que a senhora acreditava ser importante para nós.

Agradeço também a meu pai, que sempre segurou minha mão nos momentos mais conturbados, de forma pacata e firme, me trazendo calmaria. O senhor é um exemplo de resiliência e serenidade que até hoje me toca e me inspira. Obrigada por nunca ter me deixado desistir do meu sonho de ser jogadora de vôlei. Obrigada por sempre me apoiar nessa caminhada, mesmo com tantas dificuldades.

À minha irmã Marielle Franco, que me inspira, me ilumina e segue soprando em meus ouvidos sabedorias ancestrais que vão além de qualquer conexão em vida. É ancestralidade, é amor, é sopro de esperança, é minha anja negra, é, acima de tudo, meu acalanto. Sua força me move de uma maneira que você nem imagina. Obrigada por ser luz e vento. Obrigada por nunca soltar minha mão.

A Luyara, que me apoia do seu jeitinho singelo, quieto, único, e me faz ser uma pessoa melhor ao lado dela. Com você, enxergo que as diferenças são ainda mais fortes, porém entrelaçadas. Obrigada por sua energia de vida e por todo o carinho comigo e com as pequenas. Você é fundamental em nossa vida.

A Mariah e Eloah, que me fazem ser minha melhor versão: uma mãe preta cheia de sonhos, por mim e por elas. Uma mãe que não romantiza o cansaço, mas que sonha e sorri com cada centímetro de crescimento delas.

Ao meu companheiro de todas as horas, Fred, que me completa e faz a vida sorrir de forma serena com mais cumplicidade, paz e parceria. Te amo por tudo que você é e por tudo que sou quando estou com você.

Aos meus amigos e amigas que seguem me apoiando e caminhando ao meu lado.

A Carol, Taís e Maju, por terem aceitado estar comigo nessa jornada. Obrigada por cada contribuição, palavra e cuidado em tudo que até hoje vocês têm feito por mim e minha família, com respeito e cuidado.

A Juliana Linhares, por toda a paciência e afeto nesse processo.

A mim mesma, pois, afinal, reviver momentos e sentimentos tão desafiadores não é para qualquer uma, nem mesmo para qualquer dia. Sigo acreditando estar do lado certo da história e lutando para fazer, celebrar e fortalecer cada memória e legado deixados por minha família.

Fotos

Anielle, seu Antonio, dona Marinete e Marielle durante um passeio no Jardim Botânico do Rio de Janeiro.

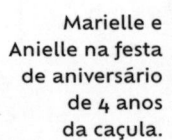

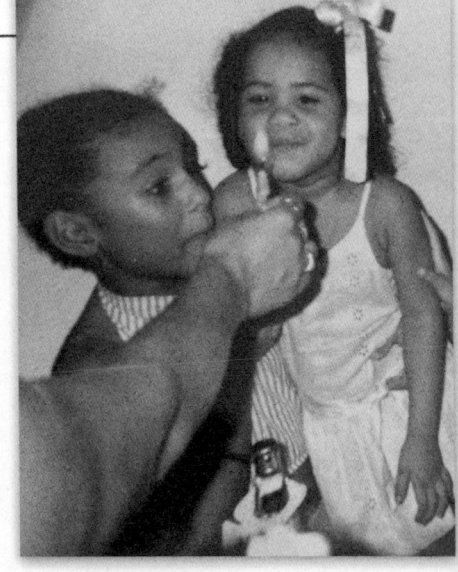

Marielle e Anielle na festa de aniversário de 4 anos da caçula.

Dona Marinete
e suas meninas.

Seu Antonio
e as filhas
Marielle, com
15 anos, e
Anielle, com 9,
no Natal
de 1994.

Aniversário de 6 anos da caçula.

A família toda na comemoração do aniversário de 15 anos de Marielle.

Anielle, quando jogava vôlei no Botafogo.

Anielle recebe o diploma de jornalismo pela North Carolina Central University, em 2009.

As irmãs, na Alvorada de São Jorge, festa a que costumavam ir juntas todos os anos, no dia do santo, 23 de abril.

Aniversário de 30 anos de Anielle.

Uma das últimas fotos de dona Marinete e a filha, Marielle, em um shopping do Rio de Janeiro.

As irmãs e Luyara, filha de Marielle, num jogo do Flamengo, time do coração das três.

Seu Antonio e Marielle, no Dia dos Pais de 2017.

Anielle, a filha Mariah, Luyara, dona Marinete e Marielle.

Anielle, o marido, Fred, e a atriz Taís Araújo.

O casal e as filhas, Mariah (em pé) e Eloah (no colo do pai).

**Acreditamos
nos livros**

Este livro foi composto em Literata e Ofelia
Text e impresso pela Gráfica Santa Marta para
a Editora Planeta do Brasil em outubro de 2022.